小さな会社の大きな節税

法人税
究極！節税のバイブル

新税制完全対応

会社の税金ダイエット

—あなたも勝ち組になろう—

税金が３割安くなる！
もう損はさせません！

黒永哲至　著

第4版
税務経理協会

第4版発行にあたって

日本の財務状況の悪化で、世界一といわれる国の債務残高に禍根を残すことになるといわれています。

今こそ、財政健全化のためにも、成長戦略が重要となってきます。

アベノミクスの成長戦略も、企業の景気回復に関しては、実効性が薄いといえます。

そこで、これからの成長戦略の最有力候補なのが、AI、ドローン、ロボット技術、フィンテック、自動運転等の最先端技術なのです。

世界をリードした日本の技術、家電等でしたが、ソニー、東芝、シャープ、サンヨー等の日本のリーディングカンパニーのM&Aや技術売却により、日本経済の根幹をなしていた高度な技術が国外に流出し、工場の海外移転等により、日本人のスキルも空洞化してきています。

また、IPS細胞、再生可能エネルギー等の技術は、世界中の技術競争の真っ只中といえます。今こそ、これらの成長戦略を側面からサポートし、日本経済を支えるのが税制なのです。

今年の税制改正におきましても、これらの最先端技術の試験研究費の税額控除が大幅に拡充されました。

そこで、拙著におきましても、今年の税制改正に適合した改訂版を作成しました。今後の技術改新、事業発展の一序にしていただければ幸いです。

平成三十年六月一日

黒永　哲至

第3版発行にあたって

消費税が平成二六年四月一日に五%から八%に増税されました。安倍内閣はアベノミクスでの景気上昇を前提として、翌年の平成二七年一〇月には消費税を一〇%に上げようとしています。そのような状況の中で、企業経営者の実感はいかがでしょうか。

景気上昇は一部の上場企業のみで、中小企業等には景気低迷と重税感が強いのではないかと思います。

そこで、企業経営者としては、①利益の増加と、②節税対策が重要なテーマとなってくるのです。とりわけ節税対策のうち、今回の消費税増税に対する対策として、具体的に何をすればよいかと頭を悩ませている方は多くいるのではないでしょうか。

本書では消費税対策だけでなく、法人税等の実践節税ノウハウを分かりやすく解説しました。また、節税対策は税務調査をクリアする方法でないと意味がありません。

そこで、筆者の多くの税務調査の経験から、調査をクリアする具体的なポイントも多くふれることにしました。健全な節税対策は企業の内部留保を厚くして、財務体質が充実してきます。企業としては、バランスのとれた節税と納税を目指したいものです。

毎年の税制改正がありますが、本書は平成二六年度の最新税制改正に対応していますので、是非参考にしていただけると幸いに思います。

平成二六年八月一日

黒永　哲至

第2版発行にあたって

二年前に、「法人税、節税のバイブル」を発刊して、はや二年がたちました。この二年の間に社会情勢の変化により、さまざまな税制改正や、商法改正がありました。

その中でも、大きなものが二つありました。

一つは、「役員給与に対する税制改正」です。とりわけ、「特殊支配同族会社の役員給与の損金不算入」制度は役員報酬を支払っても、一部は費用にならないというもので、社会的影響が非常に大きいといわれ、各方面から、反対意見が出ています。

もう一つは、「新会社法」で、平成一八年五月から施行されました。これにより、会社が非常に簡単・迅速につくれるようになり、法人を使った対策を実行し易くなりました。

このような改正を含めて、初版で書いてきました内容を、最新のノウハウにバージョンアップしたものが「法人税、節税のバイブル　第2版」です。

今回の税制改正は不可解と思われる内容もあり、税理士会、法人会、商工会議所等でも反対運動を行っていますが、改正税法は今年の四月から施行されていますので、私たちは現時点での合法的な節税を図るべきだと考えています。

初版同様に、わかりやすい表現と、図解を多く使っていますので、積極的に活用されることを切望しています。

平成一八年一二月一日

黒永　哲至

まえがき

長年、税理士業務をやっていますと、いろいろな経営者の方とお会いいたします。

そこで税金によって会社の資金繰りが圧迫されて苦労している話をよく耳にします。税務調査の立会いも数多く経験し、税務署とのいろいろな交渉を通じてたくさんの節税のノウハウを蓄積してまいりました。それらのノウハウを世の中の税金で困っている社長さんの会社の経営に役立ててもらおうと本書を書きました。

経営者の仕事は「ヒト」「モノ」「カネ」の管理といわれています。

その中で節税は「カネ」の管理の基本として、会社の資金繰りを速効的に改善させる力を持っています。むだな税金を節約して、従業員の賞与に充てることにより「ヒト」の充実が図れます。また、節税による資金を仕入や設備投資に向けると「モノ」も充実することでしょう。

すなわち、経営者の大事な仕事の一つが節税対策なのです。

さて、節税対策は世の中に数多くいわれていますが、合法的でなければなりません。合法的な節税対策とは、具体的にはどういうことをいうのでしょう。

それは税務調査を受けても否認されない対策のことだと考えられます。

そういう合法的な節税対策は私たち顧問税理士がアドバイスしますが、社長さん自身の節税意識を高めて協力してもらわないと実現しません。

本書では、そのような節税対策をわかりやすく数多く網羅して解説いたしました。

また、ジャンル別に節税対策を解説していますので、該当する部分のみ読まれてもいいように構成いたしました。

参考にしていただいて、充実した経営の一助になれば幸いと思います。

平成一六年一二月一日

黒永　哲至

目次

PART 1
会社を設立すれば税金はこんなに安くなる

第１章　会社をつくると
こんなに有利

第２章　どんな会社にすれば
いちばん節税ができる？

第1章 会社をつくるとこんなに有利

〈1〉税金は法人が断然有利
〈2〉個人と法人の節税効果の違い
〈3〉社会的信用の違いは？
〈4〉資金調達の違いは？
〈5〉法人化のデメリットとは

〈1〉税金は法人が断然有利～法人は減税、個人は増税の時代が来た～

消費税導入が決定的となり、平成二六年四月一日から消費税が八％に増税され、そして平成三一年一〇月一日から一〇％に増税されます。また財政破綻のため、相続税、所得税の増税がすでに施行されています。ただし、法人税のみ国際公約により減税の方向にあります（復興増税も前倒しで廃止されました）。

ということで、結論からいえば、個人で課税を受けているものを法人名義に移し、法人の課税に移行することが、今後の方向性だといえます。

具体的には、個人の行っている事業は法人成りして法人事業に変更し、個人で所有している財産は法人に売却等により法人名義にすることにより、相続税を回避することができるのです。

現在の安倍政権は、企業の競争力強化を成長戦略の柱としていますので、税制上においても、ますます個人に比べて法人が有利な方向に行くことでしょう。

その意味からも、法人を設立することは、時代のニーズに合っているといえます

《2》個人と法人の節税効果の違い

■ポイント■

個人と法人では、明らかに節税効果に違いがあります。ほとんどの場合、税制は法人に有利にできています。
それでは、具体的に節税効果の違いをみていきましょう。

■節税効果の違い■

❶給与所得控除が使える

個人は事業所得です。

事業所得＝総収入金額－必要経費

法人化すると、事業所得から、さらに役員報酬が受け取れます。

■給与所得控除額■

給　与	給与所得控除
100万円	65万円
200万円	78万円
300万円	108万円
500万円	154万円

所得が給与所得に変わり、給与所得控除を別に控除できます。

給与所得控除額とは、サラリーマンの経費部分を控除する意味で設けられた制度で、給与の収入金額に応じて一定額を給与所得の金額の計算上控除できるというものです。この制度は、個人と法人の大きな節税効果の違いといえます。

なお、給与所得控除の上限額は二二〇万円です。

❷ 生命保険料が経費になる

個人では年間一〇〇万円の生命保険料を支払っても、所得から四万円しか控除できません。しかし、法人の場合は、保険の種類によっては全額経費になります。

また、逓増定期保険などの場合には、解約返戻金と節税効果を加味した場合には支払金額の一〇〇％以上が戻るケースも考えられます。

❸ 家族等に給与が支払える

個人では、原則として、家族に給与は支払えません。ただし、青色事業専従者として、税務署に届けた場合のみ、その専従者に限り、その金額の範囲内でのみ認められています。また、金額の変更等も必ず届出が必要とされています。

法人の場合は、制限はありません。非常勤であっても役員であれば、適正額の範囲内で、役員報酬を支払うことができます。

❹ 所得が高くなると、個人のほうが税率が高い

法人の最高税率は国税と地方税を合わせて約三四%ですが、個人の場合は五五%（平成二七年より）です。

したがって、所得が多くなると、個人のほうが税負担が多くなります。

❺ 退職金が経費となる

個人の場合、事業から退職金を受け取れませんが、法人の場合は、基本的算式として、「役員報酬月額×在職期間×功績倍率」で計算した役員退職金を、経費として、支払うことができます。

また、受け取った退職金は、退職所得控除額を適用できるので、節税と資産形成とが同時にできるメリットがあります。

〈3〉社会的信用の違いは？

個人と法人の社会的信用はどう違うのでしょう。結論からいうと、法人経営のほうが断然信用があるといえます。

営業取引においても個人とは取引しない会社も多くあります。

やはり、個人経営は、設立運営においても法人に比べて法的規制がない反面、事業の継続性という点において疑問をもたれているのでしょう。

法人経営の場合は、登記所に登記し、いつでも謄本で登記内容を確認できますので、信用があります。

また、税務申告書においても、決算内容・資産状況等を毎期詳細に申告書に記載しなければなりませんので、事業の継続性を明確にすることができます。

個人より法人のほうが信用があるポイントは？

①	法人は登記所に登記されていて，役員・資本金・本店所在地・目的等を公表している。
②	法人は商業登記，税務申告等において，事業の継続性を明確にできる。

《4》資金調達の違いは？

次に、資金調達においても信用の違いが出てきます。

中小企業の資金調達の方法としては、銀行、保証協会や日本政策金融公庫等の公的融資制度が代表的な方法ですが、ここでも個人営業よりも法人のほうが、信用が高く融資を受けられやすいといえます。（社会的信用の項目でもふれましたが）金融機関は、極端に回収の遅延や貸倒れをきらいますので、法的拘束力がない個人よりも一定の手続きを踏んだ法人のほうが、融資を受けやすくなります。

キャリアの点についても、個人営業よりも法人営業でのキャリアのほうが重視されます。

同じ一年間営業しても、個人で確定申告するよりも、法人として法人税の申告書を提出するほうが融資審査上、有利に働く傾向があるのです。

また、開業して二年以上経過した場合には、赤字であっても法人の場合は、融資の可能性がありますが、個人の場合はほとんどありません。保証人においても個人の場合は、他の有力な人を探さなければなりませんが、法人の場合は代表者本人が、個人保証すればよいケースも多く、資金調達においても法人のほうが有利といえます。

〈5〉法人化のデメリットとは

法人化のメリットは、いままでみてきたようにたくさんありますが、デメリットはないのでしょうか。

デメリットとしては、大きく分けて次の四つが考えられます。

❶ 設立費用がかかる

法人設立するには、公証役場で定款の認証をうけ、登記所に登記申請する際に、費用がかかります。司法書士等の手数料も含めると、三〇万円以上の設立費用がかかります。

❷ 均等割がかかる

デメリットとしては、赤字であっても法人住民税均等割が最低七万円かかることです。

個人ならば、赤字なら税金はかかりませんが、法人にはこの均等割がどんな場合でも法人である年会費のようにかかるのです。

❸ 申告書が個人よりも複雑

個人所得税は、売上と仕入れや経費の資料を税務署に持っていって、相談を受けると、決算書と申告書が一応書けるようになっていますが、法人税の申告書は、税法上の知識がないと作成が難しく、申告書のボリュームも、所得税の何倍かになっています。したがって、通常は法人税の申告書の作成は、税理士に依頼しています。

❹ 社会保険料負担が増える

法人は、基本的に社会保険に加入しなければなりません。個人の場合は従業員五人未満の場合には加入義務がありませんので、法人にとっては負担となります。

第2章　どんな会社にすればいちばん節税ができる？

〈1〉業務委託法人をつくろう
〈2〉資産管理法人を活用する
〈3〉個人事業主は法人成りをしよう
〈4〉賃貸不動産を持っている個人はこんな会社をつくろう
〈5〉二年分の費用が計上できる「短期前払費用の特例」を利用する
〈6〉青色申告法人にすると特典がイッパイ

〈1〉業務委託法人をつくろう

節税対策のうち、一番バリエーションが多く節税効果が高いのが、「子会社」を使った節税です。その中でも一番基本となるのが、「業務委託法人」です。

業務委託法人の行う業務としては、次のようなものがあります。

① 記帳代行業務

伝票作成、帳簿記入、領収書の整理等の経理業務を代行する業務

② 文書作成代行業務

ワード、エクセル等で文書作成や表計算等を代行する業務

③ 研究開発コンサルタント業務

研究開発部門や、コンサルタント部門を切り離し、関連会社に対し、それらのサービスを提供する業務

④ 社員教育業務

社員に対する教育や研修に関するカリキュラムを作成し、研修トレーニングを代行する業務

イメージとしては、法人の記帳代行等のある部門を別法人にして、アウトソーシングをするということです。この場合、必ず事業の実態を持たせる必要があります。別法人としてのオフィス、人員、設備等はもちろんのこと、契約書等も親会社と交わさなければいけません。またコンサルティングであれば、毎月その報酬に相当する分量のコンサルティング報告書を、提出する必要があるでしょう。

子会社を設立する場合の注意点としては、親会社の決算期と近いと、双方黒字で親会社の節税対策のために子会社が大きな黒字になり、税額が発生すると本末転倒になりますので、子会社の対策もしやすいように、なるべく決算期は離したほうがよいでしょう。できれば六か月離すほうがベストだといえます。

後述（42頁）の短期前払費用の特例を使った場合は、業務委託手数料が最大で二倍（一〇〇万円×二四か月）計上できますので、次の設例では五〇四万円の節税効果が上がることになります。

■ 設　　　例 ■

[対策前]

売上　２億円

利益　5,000万円

法人税額（地方税含）	1,700万円
消費税額（８％）	800万円
計	2,500万円…①

対策：子会社に業務委託

（月）100万円×12月＝1,200万円

[対策後]

利益　3,800万円

法人税額（地方税含）	1,292万円
消費税額（８％）	704万円
計	1,996万円…②

節税効果　①－②＝504万円

〈2〉資産管理法人を活用する

■子会社が資産を所有して親会社にレンタルする方法■

子会社を利用した業務委託法人をみてきましたが、一番のポイントは業務の実態を証明することです。その点では、同じ子会社利用ですけれど、子会社が車両や機械、パソコン等の資産を購入し、親会社にレンタル（賃貸）する方法は実態が必ずありますし、価格も社会通念上の範囲であれば全く問題ありません。また、短期前払費用の要件も（42頁参照）クリアするようにすれば、効果がさらに上がるでしょう。

具体的手順としては、

① 子会社で資産（車両等）を購入
② 関係会社間で賃貸借契約書（月払）を締結
③ 期末に年払いの覚書を締結
④ 期末に翌期一年分の賃借料を支払う

という流れになります。ただし、この契約は継続しなければなりません。

■設　　例■

[対策前]

親会社

売上　52億円

利益　5,000万円

法人税額（地方税含）	1,700万円
消費税額（８％）	800万円
計	2,500万円…①

子会社

1,200万円で機械を購入

子会社の機械を１年間契約で月額50万円で賃貸

賃貸料年間50万円×12＝600万円

[対策後]

親会社

利益　4,400万円（5,000万円－600万円）

法人税額（地方税含）	1,496万円
消費税額（８％）	752万円
計	2,248万円…②

節税効果　①－②＝252万円

《3》個人事業主は法人成りをしよう

レストラン、喫茶店、ブティック、建築業等のさまざまな業種で個人事業主として経営している方はたくさんいます。

その事業主の人たちも、ある程度の規模になると法人成りをお勧めします。

では、「ある程度の規模」とはどのくらいなのでしょうか。それは、その事業で生計を立てられるようになるということでしょう。

一般に家族を養い、生計を立てるには、最低年収三〇〇万円以上は必要でしょう。

事業所得が三〇〇万円であれば、所得税、住民税で約三七万円ほどかかります。

そこで法人成りすると、その事業所得が役員報酬として家族に分散できてそれぞれに所得控除額（最低六五万円）が控除できるのです。

次の表（37頁）のように税額合計が約一五万円となり、二二万一、二〇〇円節税できるのです。

節税効果は、同表のように年収が上がれば上がるほど出てきます。

ちなみに、年収

五〇〇万円では　五二万六、四〇〇円
七〇〇万円では　一一〇万六、二〇〇円
一、〇〇〇万円では　一八六万一、六〇〇円

の節税効果となります。

このように、生計を立てている個人事業主は、法人成りしたほうが確実に有利といえます。

次の表（３７頁）は、計算の前提として個人事業を法人成りして、事業所得を次のように役員報酬として親族に分配したものとします。

事業所得	役員報酬
300万円	100万円
	200万円
500万円	200万円
	300万円
700万円	100万円
	200万円
	400万円
1,000万円	200万円
	300万円
	500万円

■ 所得税の節税効果比較表 ■

	300万円	500万円	700万円	1,000万円
個人事業				
所得税	129,100	429,300	837,700	1,544,900
住民税	236,500	436,500	636,500	936,500
事業税	5,000	105,000	205,000	355,000
計	370,600	970,800	1,679,200	2,836,400
法人設立				
所得税	23,400	121,400	176,000	336,300
住民税	56,000	253,000	327,000	568,500
法人税	0	0	0	0
法人住民税	70,000	70,000	70,000	70,000
事業税	0	0	0	0
計	149,400	444,400	573,000	974,800
節税額	221,200 (△60%)	526,400 (△54%)	1,106,200 (△66%)	1,861,600 (△66%)

〈4〉賃貸不動産を持っている個人はこんな会社をつくろう

賃貸不動産のオーナーで不動産所得が多い方は、どのような法人をつくるとよいか見ていきましょう。

いわゆる「地主」さんは、土地・建物を個人所有にしていますので、土地・建物を法人所有にすると、億単位の譲渡所得税が課されますので現実的ではありません。

そこで、その不動産を維持管理する法人、いわゆる「不動産管理法人」を設立するのです。

では、不動産管理法人の手法と形態について説明しましょう。

■不動産管理法人の手法と形態■

不動産管理法人の一般的な運営方法として、

①　まず、親族・妻および子供を役員とする法人を設立する

②　不動産の所有者と、その不動産の管理委託契約を締結する

③　不動産管理法人から親族に給与を支払う

これにより、オーナーの所得が不動産管理法人を通して、親族に分散する効果があります。

次に、不動産管理法人の形態としては、次の二つが考えられます。

❶　管理受託方式

不動産所有者またはその親族が不動産管理会社を設立し、その不動産を管理させ、賃貸収入の一部を管理委託料として不動産管理会社に支払う方式です。

❷　転貸方式

不動産所有者が、本人または親族の経営する不動産管理会社に所有不動産を賃貸し、これを管理会社が第三者に転貸する方式です。

図解すると、次のようになります。

■ 管理受託方式 ■

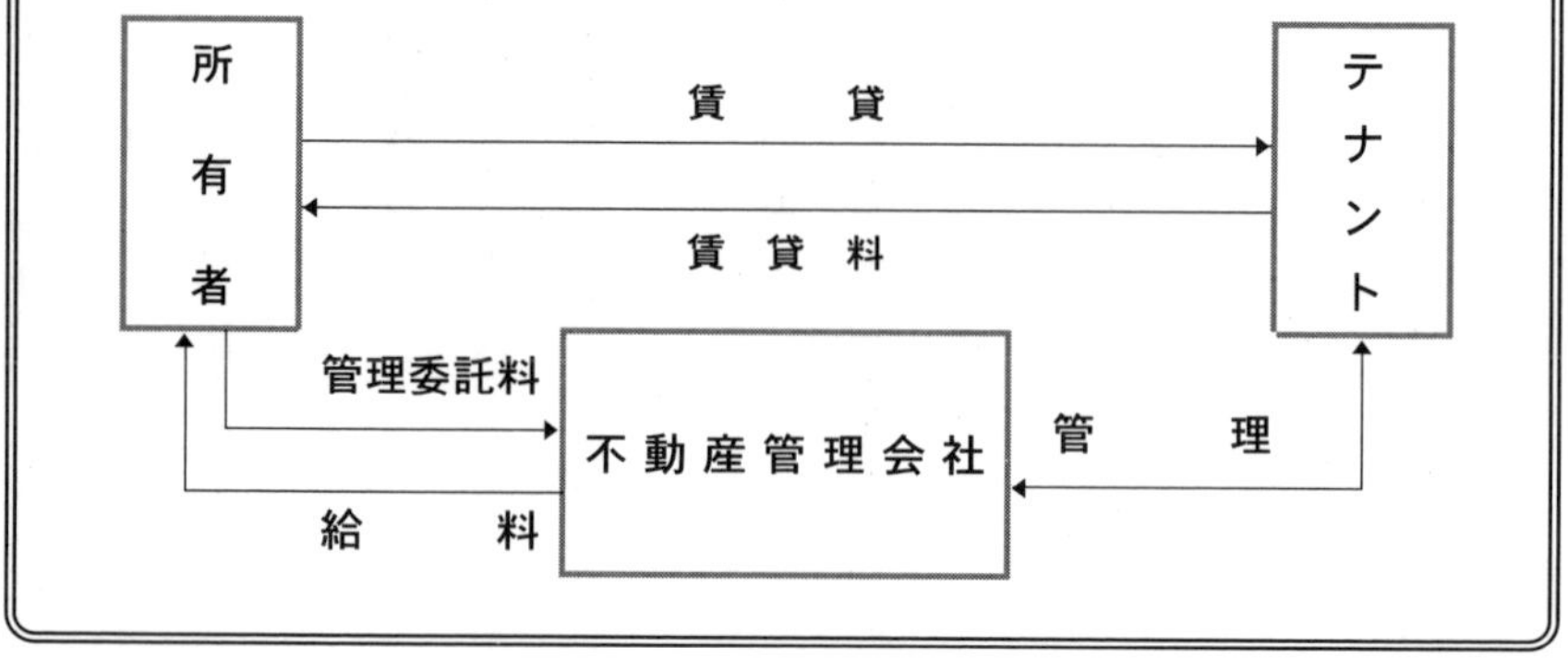
所有者
賃　　貸
賃貸料
テナント
管理委託料
不動産管理会社
管　　理
給　　料

■ 転 貸 方 式 ■

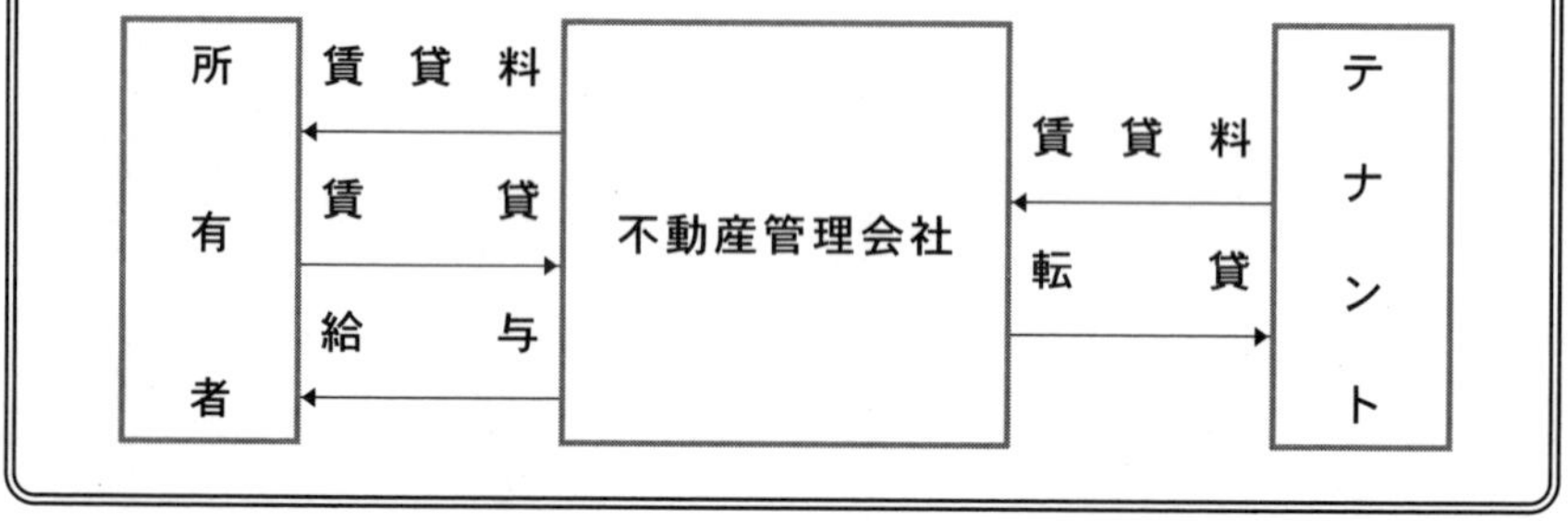
所有者
賃貸料
賃　　貸
給　　与
不動産管理会社
賃貸料
転　　貸
テナント

不動産管理法人の行う管理業務

不動産管理法人が実質的な業務形態をとっていない場合、または、その業務に比して高額な管理報酬を収受していた場合には税務上否認されますので、次にあげる業務のうち、相当の業務を実際に行う必要があります。

① テナント募集業務
② 受付業務
③ 点検業務
④ 立会業務
⑤ 報告連絡
⑥ 清　掃
⑦ 保　守
⑧ 修繕補修改良工事
⑨ 集金請求
⑩ テナント間の調整・トラブル

この場合、管理委託費としては、業務の内容によりますが実務上は賃料の一〇％～二〇％の範囲で設定される場合が多いようです。

〈5〉二年分の費用が計上できる「短期前払費用の特例」を利用する

子会社に対する節税対策をみてきましたが、その対策の効果が倍増する方法が「短期前払費用の特例」です。では、その内容をみていきましょう。

法人税は、基本的には費用計上を期間対応で計上します。つまり、当期の期間に対応する分の費用を計上することが原則なのです。

ただし、一つだけ例外があります。それが、短期前払費用の特例です。

この特例は、一定要件を満たせば今期において翌期の一二か月分の費用が計上できるという、非常に有効な方法なのです。

■一定要件■

次の要件を全て満たす取引です。

①　継続的役務の提供

② 一定の契約に基づき、一年以内に役務の提供を受けること
③ その役務の提供に対する支払いが、今期に前払いしていること
④ この短期前払いを継続して毎期行うこと

このように細かな要件がありますが、簡単にいうと、コンスタントにサービスをずっと受けている場合は来期一年間の料金を前払いとすると、全額当期の費用にすることができるのです。今期にすると、今期と来期の合計最大二四か月分の費用が計上できるのです。

ただし、今年一年だけ行って、来期業績が悪いからやらないというのはダメです。絶対に継続しなければなりません。最低五年くらいは続けないと、継続適用とみなされないでしょう。

来期赤字になりそうな場合はサービスの内容を見直し、契約変更して支払金額を下げる方法がよいでしょう。その継続的役務の提供の内容は、家賃や支払利息だけでなく、記帳代行業務、器具の賃借料等のコンスタントにサービスを受ける行為をいいます。

この要件を満たせば、顧問料やコンサルタント料も該当します。ちなみに、年払いの保険料もこの考え方からできた制度です。

〈6〉青色申告法人にすると特典がイッパイ

個人でも法人でも、申告書には「青色申告」と「白色申告」の二種類がありますが、帳簿の作成等一定の要件をクリアすれば、「青色申告」をするほうが、さまざまなメリットがあるので断然有利といえます。

法人が「青色申告」を選択したいときは、会社を設立して開業届を税務署に提出するときに、同時に「青色申告の承認申請書」を提出します。

青色申告の最大のメリットは、欠損金が出た場合に最大九年間にわたって「繰越控除」ができることです。つまり、初期投資等の開業時の赤字を、その後九年間で出た利益から相殺して税金を免除してくれるという、非常に有効な制度なのです。この「繰越控除」を適用している期間は、法人税だけでなく、法人住民税（均等割りを除く）や法人事業税もかかりません。

※　平成二八年度税制改正により、平成三〇年四月一日以後に開始する事業年度において生ずる欠損金額の繰越期間は一〇年とされています。

この制度を活用する上でも「青色申告」は是非選択すべきですので、設立時には忘れずに届出書を出してください。

「青色申告」を選択すると、この他にも、減価償却費を基準よりも多く計上できる「特別償却」、「割増償却」や、税額から一定額を控除する「税額控除」を受けることができます。

■ 推計による更正の禁止 ■

青色申告のメリットとして、ほかに「推計課税の禁止」があります。

推計課税とは税務調査の時に法人の帳簿の事実に基づかないで、同業他社で同規模の法人と比較して、推定で税額を決めることです。

「青色申告」は「正規の簿記」による記帳が義務付けられていますので、その権利として推計課税を禁じているのです。

PART 2
会社を運営している人のための節税対策

第１章　給料に関する節税対策

第２章　福利厚生費に関する節税対策

第３章　営業経費に関する節税対策

第４章　減価償却に関する節税対策

第５章　「売上と在庫」に関する節税対策

第６章　子会社に関する節税対策

第７章　「消費税」に関する節税対策

第1章　給料に関する節税対策

〈1〉役員給与の変更は？
〈2〉役員給与が変わった（役員給与の見直し）
〈3〉役員賞与を費用にする方法は？
〈4〉使用人兼務役員に出す賞与を損金にする方法
〈5〉妻に出す賞与を役員賞与とされない方法
〈6〉役員退職金はいくらまで支給できるのか？
〈7〉役員退職金の支給方法は？
〈8〉退職していない役員に退職金を出すには？
〈9〉役員退職金は小規模企業共済で節税
〈10〉ベースアップをすると節税になる（所得拡大促進税制）
〈11〉社員を増やすと節税になる
〈12〉パートの給与で一番有利な金額は？
〈13〉決算賞与を未払計上し損金にする方法
〈14〉社会保険料は未払計上しよう

《1》役員給与の変更は？

役員に対する報酬は、以前「役員報酬」といわれていましたが、現在は「役員給与」と呼ばれ、いろいろな制約を受けることになります。

役員給与は、毎年一回定時株主総会で決議した金額を変更する場合は、事業年度開始から三か月以内に変更し、その金額を一年間その事業年度が終了するまで変更することはできません。

このことを「定期同額給与」と呼びます。

非常に硬直的な制度になっていますので、役員給与は安易に決定せず、事業計画のもとに決めるべきでしょう。

このように、原則は事業年度の中途で役員給与の変更はできませんが、次のようなケースでは、変更が可能とされています。

■変更可能なケース■

①　業績が著しく悪化（売上高が半分以下に激減、主要な取引先が倒産等）で、多額な貸倒損失が発生等

②　役員の地位の変更（分掌変更）
（年の途中で取締役が専務取締役に、代表取締役が取締役、相談役になる等の場合）

③　金融機関への返済が困難になり、取引銀行との協議により役員給与を下げざるを得なくなった場合（リスケジュール等）

④　取引先との信用を維持、確保する必要性から、事業計画が策定され、その中に役員給与の減額が盛り込まれた場合

■ 損金算入が認められる「定期同額給与」とは？ ■

損金算入が認められる「定期同額給与」とは，次に掲げるものをいう（法令69①）。

①　定期給与（その役員に対して支給する給与で，その支給時期が1か月以下の一定期間ごとであるもの）の額について，その事業年度開始の日から3か月を経過する日までに改定された場合における次に掲げる定期給与

イ　当該改定前の各支給時期における支給額が同額である定期給与

ロ　当該改定以後の各支給時期における支給額が同額である定期給与

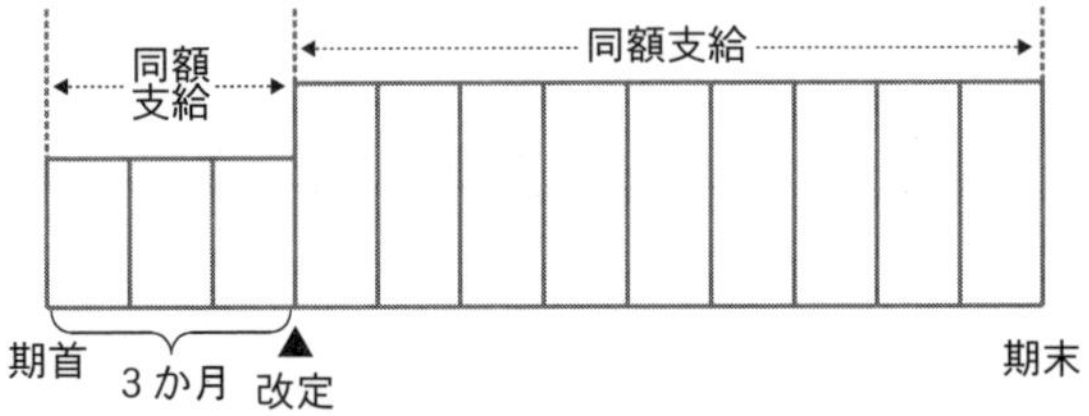

②　定期給与の額について，その法人の経営状況が著しく悪化したことその他これに類する理由により減額改定した場合の当該事業年度のその改定前の各支給時期における支給額およびその改定以後の各支給時期における支給額がそれぞれ同額である定期給与

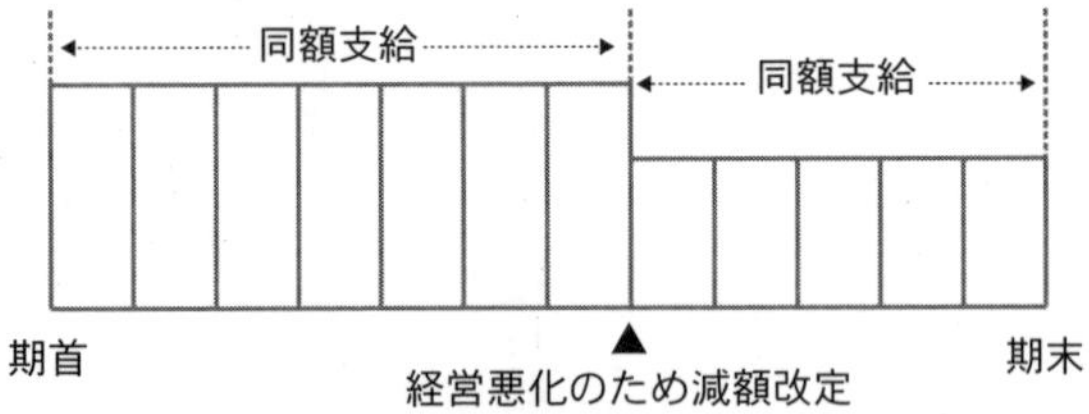

③　継続的に供与される経済的な利益のうち，その供与される利益の額が毎月おおむね一定であるもの

《2》役員給与が変わった（役員給与の見直し）

■趣　旨■

企業の経営者に中長期の企業価値創造を促すため、「攻めの経営」のインセンティブとして業績連動報酬や自社株報酬を役員給与とする損金算入の対象範囲の拡大を図ることとなった。

■改正の内容■

＜定期同額給与の範囲の見直し＞

定期同額給与の範囲に税及び社会保険料等の源泉徴収後の金額が同額である定期給与が追加されます。

※　海外からの人材について、額面金額が同額でなくて、源泉税、社会保険料を差し引いた手取額が同額であれば、定期同額給与に該当することが明確化されます。

＜事前確定届出給与の範囲の見直し＞

①　対象となる給与の追加

事前確定届出給与の範囲に所定の時期に確定したものが追加されます。

※１　所定の時期に確定した数の株式を交付する給与

２　所定の時期に確定した数の新株予約権を交付する給与

②　対象となる給与からの除外

事前確定届出給与の範囲から、利益その他の指標を基礎として譲渡制限が解除される数が算定される譲渡制限付株式による給与が除外されます。

■ 役員報酬の類型ごとの改正概要 ■

報酬の種類	報酬の内容	交付資産	損金算入可否（現行制度）	平成29年度改正
リストリクテッド・ストック（RS）	一定期間の譲渡制限が付された株式を役員に付与。	株式	可能	可能（①類型）
株式交付信託	会社が金銭を信託に拠出し，信託が市場等から株式を取得。一定期間経過後に役員に株式を付与。	株式	不可	可能（①類型又は②類型）
ストックオプション（SO）	自社の株式をあらかじめ定められた権利行使価格で購入する権利（新株予約権）を付与。	新株予約権	可能	可能（①類型又は②類型）
パフォーマンス・シェア（PS）	中長期の業績目標の達成度合いに応じて，株式を役員に付与。	株式	不可	可能（②類型）
パフォーマンス・キャッシュ	中長期の業績目標の達成度合いに応じて，現金を役員に付与。	金銭	可能（利益連動の場合のみ。一定の手続が必要）	可能（②類型）
ファントム・ストック	中長期の業績目標の達成度合いに応じて，株価相当の現金を役員に付与。	金銭	不可	可能（②類型）
退職所得	退職時に給付する報酬	金銭・株式・新株予約権	可能	可能（業績連動の場合は②類型の要件を満たすことが必要）

※①類型…一定の時期に確定した金額又は数を交付する役員報酬。税務署への事前届出が必要。（法人税法34条１項２号）

②類型…１年以上の期間の業績に連動した金銭，株式等を交付する役員報酬。報酬諮問委員会への諮問や有価証券報告書での開示等の手続が必要。（法人税法34条１項３号）

〔出典：経済産業省　平成29年経済産業関係改正について　P43〕

〈3〉役員賞与を費用にする方法は？

役員賞与は原則、損金にはなりません。

ただし、一定要件を満たす届出書を提出して賞与を支給した場合は、損金に算入することができます。

その制度を「事前確定届出給与」といいます。

■一定要件とは■

「事前確定届出給与」の届出期限（＊1）までに所定の事項（＊2）を記載した届出書を税務署長に提出することです。

＊1　「事前確定届出給与」の届出期限

次のいずれか早い日

(イ)　その給与に係る職務の執行を開始する日

(ロ)　その事業年度開始の日から四か月を経過する日

＊2　所定の事項

①　事前確定届出給与の支給の対象となる者（事前確定届出給与対象者）の氏名、役職名

②　事前確定届出給与の支給時期、支給時期ごとの支給金額

③　②の支給時期、支給金額を定めた日およびその定めを行った機関等

④　事前確定届出給与に係る職務の執行を開始する日

⑤　事前確定届出給与につき「定期同額給与」による支給としない理由、その事前確定届出給与の支給時期を②の支給時期とした理由　等

本来、役員賞与というものは事業を行った後の「利益の分配」の性格なので、期末にその金額が確定するものですが、今回のこの制度は、期首にその賞与の金額を確定して届け出なければならないので、実務を行う立場としては安易に適用しにくい面もありますが、毎期利益の予想がつく会社においては役員賞与が損金になるのですから、積極的に採用されるのもよいでしょう。

《4》使用人兼務役員に出す賞与を損金にする方法

役員のうち、使用人としての業務も兼任する立場の人を使用人兼務役員といいます。

「取締役営業部長」または「取締役工場長」というような使用人としての職制上の地位を有している役員のことです。

ただし、「取締役総務担当」のように使用人としての職制上の地位ではなく法人の特定部門を統括している場合や、専務・常務等の肩書を有している役員も使用人兼務役員になれません。

次に使用人兼務役員に対して支給する賞与は、次の一定要件を満たせば損金算入されます。

①　従業員と同じ時期に支給されていること

②　支給額が他の使用人の賞与に比して妥当であること

③　費用として損金経理すること

このように役員であっても使用人兼務役員であれば、役員に対する賞与のうち損金算入されますので、有効な節税手段として使えます。

使用人兼務役員の賞与が損金処理できる要件

①	従業員と同じ時期に支給されていること
②	従業員に対する賞与の支給状況などに照らし合わせて，その金額が妥当であること
③	費用として損金経理すること

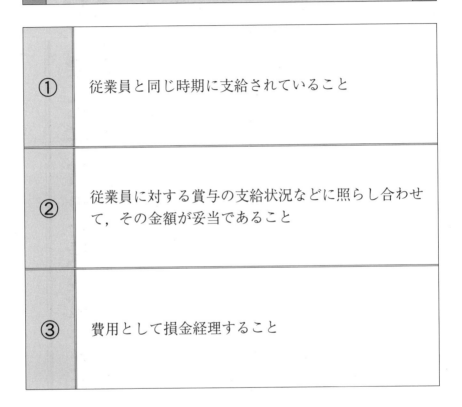

〈5〉妻に出す賞与を役員賞与とされない方法

決算対策で社長の妻に決算賞与を支給する場合に妻を役員とみなされると役員賞与で損金不算入となります。

そこで、妻を役員とみなされない方法を検討してみましょう。

税務上、役員とみなされる場合は、次のいずれかに該当する場合です。

①　法人の使用人以外の者で、その法人の経営に従事している者（相談役・顧問等）

②　同族会社の使用人のうち持株割合が五％を超える者で、一定要件に該当しその法人の経営に従事している者

右記の要件のうち持株割合をクリアしていても、次のようなケースで経営に従事していると認められた場合には役員とみなされますので、社長の妻であっても使用人の職務にのみ従事させることが必要です。

■経営に従事している例■

① 販売価格、仕入数量・価格の決定
② 資金調達や返済条件等の決定
③ 従業員の採用、異動等の決定
④ 会社を代表して対外折衝をする

役員とみなされる場合とは？

①	商品や原材料の仕入数量・価格の取決めをする
②	販売価格の決定，発注・受注契約の締結をする
③	資金の調達や返済を決める
④	設備の購入や除却を決める
⑤	従業員の採用，異動，退職などを決める
⑥	会社を代表して対外折衝する

《6》役員退職金はいくらまで支給できるのか？

■役員退職金の要件■

役員に対する退職金は従業員に対する退職金と比較すると高額になり、損益に対する影響も大きくなりますので、注意が必要です。

役員退職金を支給するには、次の要件を満たさなければなりません。

〈要　件〉

①　定款に役員退職金の定めがあること

②　役員退職の事実があること

③　株主総会における議決により金額が確定したこと

③に代えて、株主総会で取締役会に決定を一任する旨を決議し、これを受けて取締役会にて支給を決議した場合も、認められています。

■役員退職の事実も重要■

オーナー会社であれば、高額な役員退職金は法人税の節税だけでなく、自社株の評価についても支給した事業年度における評価額が圧縮され、後継者に対する生前贈与の絶妙なタイミングになりますので、役員の退職の事実があるか否かは、重要なことになります。

退職の事実とは、会社の代表を退いた場合には、顧問、相談役等の名誉職に就いて経営会議等にかかわらなくなることをいいますので、退職後も事実上実権を持って院政をひいているようでは、役員退職金を否認されることになります。

■役員退職金の適正額■

役員退職金の算定方法は「平均功績倍率法」といわれる方法が一般的で、判例等でも認められています。

役員退職金＝その役員の最後の報酬月額×役員在位通算年数×功績倍率

功績倍率とは、同業同規模の会社の支給実績等から算出するもので、平均二〜三倍程度とされています。

■退職給与規程■

役員退職金の法的要件ではないのですが、税務調査のためにも退職給与規程を作成する必要があります。

退職給与規程には、退職金を支給すること、退職金の算定基準、退任の定義、退職金を支給し損金にできる要件等を記載しておくと、十分だと考えられます。

〈7〉役員退職金の支給方法は？

役員退職金は、次のようなケースに該当すれば、損金に算入することができます。

① 株主総会の決議によって支給額が具体的に確定した月の事業年度に損金に計上する
② 退職金を支給した日の事業年度に損金に計上する
③ 株主総会で取締役会に決定を一任する旨を決議し、これを受けて取締役会が支給額を決議した事業年度に損金に計上する

資金繰りの都合ですぐに支払えない場合は、未払金として処理をすれば、損金計上できます。

■分割支給は要注意■

ただし、分割で支給する場合は、なるべく短期間に処理をすべきでしょう。最長でも、四年程度が限度といえるでしょう。それ以上になると「退職年金」とみなされ、「退職一時金」と損金の算入時期も課税関係も違った形をとることになります。

退職一時金では、受け取るほうは退職所得として課税され、退職所得控除額も適用できるので、有利になっています。

源泉所得税は支払時に徴収されますが、分割支給の場合は分割支給額分に対して源泉徴収されます。「退職年金」になると雑所得として扱われ、源泉所得税を徴収され、法人は支給すべき時期に損金算入されます。受け取るほうも「退職一時金」が有利といえます。

■仮払処理はリスクが大きい■

ここで注意が必要なのが、役員が退職時に株主総会の決議の前に退職金を仮払した場合です。この場合に株主総会の決議によって金額が具体的に確定した時点で、仮払金を損金計上する必要があります。仮払金をそのままにして、その後の事業年度で損金処理しても認められませんので、注意が必要です。

〈8〉退職していない役員に退職金を出すには？

土地売却等の理由で、急に利益が出た場合にはその事業年度においてまとまった額の節税をする必要があります。

このような場合の一つとして、退職していない役員に対する退職給与を支給することが考えられます。役員は地位や職務の内容が著しく変動し、実質的に退職した場合と同じであると認められたときには「みなし退職給与」として、退職給与を支払うことができます。そのケースとして次のようなケースが考えられます。

① 常勤役員が非常勤役員になった（ただし、代表権・経営権を握っている者は除く）

② 取締役が監査役になった（ただし、経営権を握っている者、使用人兼務役員と認められない大株主等は除く）

③ 役割変更後報酬が約五割以上減少した

高額の役員退職金が支払われた場合には、非上場の同族会社では一時的に評価額が下がりますので、譲渡または贈与による株の事業承継対策のチャンスとなります。

「みなし退職金」が支払えるケース

①	常勤役員が非常勤役員になった （ただし，代表権・経営権を握っている者は除く）
②	取締役が監査役になった （ただし，経営権を握っている者，使用人兼務役員と認められない大株主は除く）
③	役割変更後，報酬がおおむね5割以上減少した

《9》役員退職金は小規模企業共済で節税

法人の一般従業員に対し退職の際に支払われる給与は退職金として損金に算入されます。

さらに、従業員に対する退職金支給に充てるための制度として「中小企業退職金共済制度」（中退金）等の公的制度も活用することができます。

それに対し、役員に対する退職金については、支給時に一括損金にするしかありません。

そこで、有効な対策として考えられるのが「小規模企業共済制度」です。これは政府が中小企業の役員を対象に設けた制度で掛金は全額が所得から控除できます。

この場合、役員が掛金を支払い、法人がその部分の報酬を加算して支払うことで損金計上による役員退職金対策ができます。

また、共済金は法人ではなく役員個人に直接支払われるので、過大役員退職給与の損金不算入を考える必要はありません。

■小規模企業共済の概要■

① 掛金は全額所得控除となる
② 毎月の掛金は一、〇〇〇円から上限七〇、〇〇〇円（五〇〇円きざみ）
③ 共済金の退職所得または公的年金等は雑所得として取り扱われる
④ 加入条件は常時使用する従業員の数が二〇人以下（商業・サービス業は五人以下）の事業主・役員

《10》ベースアップをすると節税になる（所得拡大促進税制）

■趣　旨■

景気拡大の重要課題である個人消費を喚起するために、企業の従業員に対する給与の賃上げに対してインセンティブを与える目的で、従来の制度を大幅に拡充するものである。

■改正のポイント■

①　大企業は給与増加の要件が前年度との比較になるため、平均賃金を上げる必要があり、賃上げの要請としてはより強力になっています。

さらに、賃上げに加え、一定額以上の投資を維持する必要も出てきました。

要件のハードルは上がりましたが、税額控除は一〇％から一五％に拡大しています。

また、教育訓練を積極的に行った企業は、税額控除が二〇％に拡大します。

② 中小企業者は要件が簡略化され、幅広い企業の活用が見込まれます。

また、思い切った賃上げや教育訓練に取り組む企業は、税額控除が二五％に拡大します。

■改正の内容■

＜大企業の場合＞

(1) 要　件

① 給与支給総額が平成二四年度から五％以上増加

② 給与支給総額が前事業年度以上増加

③ 平均給与支給額が前事業年度比二％以上増加

⬇

① 平均給与支給額が前事業年度比三％以上増加

② 当期の減価償却費×九〇％以上の国内設備投資額

③ 当期の教育訓練費が前期・前々期の平均額より二〇％以上増加

(2) 税額控除額

① 上記①・②を満たした大企業

（給与支給総額－前事業年度の給与支給総額）×一五％

② 上記すべてを満たした大企業

（給与支給総額－前事業年度の給与支給総額）×二〇％

(3) 控除限度額

法人税額の二〇％

※ 設立事業年度は対象外

＜中小企業の場合※＞

(1) 要　件

（改正前）

① 給与支給総額が平成二四年度から三％以上増加

② 給与支給総額が前期より増加

③ 平均給与支給額が前期より増加

（改正後）

① 給与支給総額が前期以上増加

② 平均給与支給額が前事業年度の平均給与支給額一・五％以上増加

※　中小企業とは、資本金一億円以下の法人、従業員一、〇〇〇人以下の個人事業主をいう。

(2)　税額控除額

（給与支給総額－前事業年度の給与支給総額）×一五％

(3)　上乗せ措置

平均給与の増加額が二・五％以上の中小企業者については、次のいずれかの要件を満たした場合二五％の税額控除ができる。

①　教育訓練費の額が前事業年度よりも一〇％以上増加していること

②　事業年度終了の日までに中小企業等経営強化法の経営力向上計画の認定を受けたもので、その経営力向上計画に従って経営力向上が確実に行われたものとして証明がされたこと

(4)　控除限度額

法人税額の二〇％

※　設立事業年度は対象外

※　大企業の制度との選択適用

※　適用除外中小企業者（前三事業年度の平均所得が年一五億円以上の中小企業者）は対象外

〈継続雇用者の範囲の見直し※〉

平均給与支給額の計算の基礎となる「継続雇用者」の範囲が次のとおり見直された。

（改正前）
継続雇用者＝適用を受けようとする事業年度および前事業年度において給与等の支給を受けた国内雇用者

↓

（改正後）
継続雇用者＝当期と前期の全期間の各月において給与等の支給がある雇用者で一定のもの（前期に中途入社した者や当期に退職した者は除外）

〈11〉社員を増やすと節税になる～雇用促進税制

■ 従業員一人四〇万円の税額控除ができる ■

ベースアップをした場合の税額控除をみてきましたが、社員の数を増やした場合にも税額控除できる制度があります。この制度を「雇用促進税制」といいます。この制度は従業員数を五人以上（中小企業は二人以上）で、かつ全体の一〇％以上増やす等の一定の要件をクリアすれば、従業員一人あたり四〇万円の税額控除が受けられるというものです。

ただし、その法人の当期の法人税額の一〇％（中小企業は二〇％）が限度とされています。要件は次のとおりです。

〈要　件〉

① 青色申告事業者
② 適用年度とその直前の事業年度に会社都合による離職者がいないこと
③ 従業員の数を五人以上（※中小企業では二人以上）、かつ一〇％増やしていること

④　給与等の支給額が一定額以上であること

なお、これらの要件ですべて満たしても業種によっては適用されない業種もあります。

※　中小企業とは……資本金一億円以下の法人

■従業員増加割合■

従業員が何％増えたかという増加割合は、下記のように計算します。

■計　算　式■

従業員増加割合＝適用年度の従業員増加数÷前事業年度末日の従業員総数

■設　　例■

法　人

年　商　　1億円

利　益　　2,000万円

従業員　　15人

新規採用　　3人

法人税　　426万円(注)

税額控除

40万円×3＝120万円

120万円＞85.2万円（426万円×20％）

∴　85.2万円法人税

（注）法　人　税

800万円×15％＝	120万円
1,200万円×25.5％＝	306万円
控　除　額　　計	426万円

〈12〉パートの給与で一番有利な金額は？

パートやアルバイトに対する給与の額は、当然全額法人の費用になりますが、給与を受け取るパートやアルバイトの方の所得税や住民税のことが、問題になってきます。

所得税の場合、パート・アルバイトの給与は給与所得となり、六五万円の給与所得控除と三八万円の基礎控除の合計額一〇三万円以下であればかかりません。しかし、一般的には住民税の場合、基礎控除が三五万円と所得税より三万円少ないので、給与所得控除六五万円と合計して一〇〇万円以下であれば、住民税もかかりません。

巷では、パートは「一〇三万円以下」とよく言われますが、住民税まで考えると「一〇〇万円以下」と覚えておいてください。

また、夫の扶養に入っていて夫が「配偶者控除」を適用している場合にも、所得税では「一〇三万円以下」、住民税では「一〇〇万円以下」であれば、配偶者控除がそれぞれ所得税では三八万円、住民税では三三万円控除されます。

結論としては、パート・アルバイトは「一〇〇万円以下」が有利となります。

〈13〉決算賞与を未払計上し損金にする方法

決算で利益が上がりそうなときにその利益を社員に分配する目的で決算賞与を出すことは、社員の労働意欲向上の上でも有効な手段です。

しかし、決算賞与を支給しようと決めても資金繰りの都合上決算日までに支給できないケースがあります。

その場合には、期末に未払賞与で損金に計上する方法をとります。この場合、翌期開始後一か月以内に支給することが条件となります。

また、期末に支払債務が確定したことの証明として各従業員に通知する必要があります。

■要　件■

(1)　期末に賞与の額を確定
(2)　未払賞与で損金計上
(3)　翌期首から一か月以内に支給

〈14〉社会保険料は未払計上しよう

■社会保険料の未払計上■

社会保険料の納付方法は、その月に支給の給与に係る社会保険料（健康保険料および厚生年金保険料）を翌月末日までに事業主（会社）と従業員が半分ずつ負担して納付しなければなりません。

この場合、社会保険料の損金計上の時期としては納付をした日か、その保険料の確定した日に未払計上するかの二つの方法が認められています。

つまり、三月決算の場合には三月支給の給与に関する社会保険料を四月末日に納付するのですが、三月決算において社会保険料を未払計上できるのです。

ただし、事業主負担分のみに限ります。

この方法は継続して適用しなければなりませんので、期末に翌月納付の社会保険料の未払計上をした最初の事業年度は節税効果があります。

■労働保険料の未払計上■

労働保険料とは雇用保険と労災保険のことをいい、毎年七月一〇日に申告しなければなりません。いずれの保険も、前年四月一日から当年三月三一日の賃金総額に基づき当年分の保険料を見積もって計算し、これに前年分の確定保険料と概算保険料の差額精算分を加算して申告します。

申告した保険料の納付は七月一〇日に一括納付することが原則ですが、一〇月三一日（第一期）、一〇月末（第二期）、一月三一日（第三期）の三回に分割して納付することも認められています。

この労働保険料は納付した日に費用計上するのですが、三回に分納する場合は七月一〇日（第一期）に申告した時点で第二期、第三期の納付分を未払計上することもできます。

また、三月または四月決算の法人であれば、その年度の概算保険料の精算額も決算時に未払計上することもでき、節税効果の一つとして利用することができます。

第2章 福利厚生費に関する節税対策

〈1〉生命保険を活用した節税方法
〈2〉社宅を活用した節税方法
〈3〉社員旅行は四泊五日で!!
〈4〉永年勤続社員に記念品を贈る節税方法
〈5〉レジャークラブを節税に利用しよう
〈6〉社葬を費用計上するポイントは？
〈7〉忘年会の二次会の費用を全額福利厚生費にする方法

《1》生命保険を活用した節税方法

法人が福利厚生費として損金計上できる方法として代表的なものが、生命保険を使った対策です。法人契約による生命保険契約の形態は「定期保険」と「養老保険」の二種類のタイプに分類されます。この二種類について説明しましょう。

■定期保険■

「定期保険」とは、いわゆる掛け捨て型の保険です。次の要件を満たした場合には、福利厚生費として全額損金算入できます。

① 契約者は会社
② 保険金受取人は会社
③ 被保険者は役員（社員）

この場合、保険金受取人が役員（社員）の遺族であれば、支払保険料はその役員（社員）の給与となります。また、会社が死亡保険金を受け取った場合には、その法人の雑収入となり益金算入されます。ただし、役員（社員）に死亡退職金を支給すると損金計上され、益金と相殺される仕組みとなります。

定期保険は基本的には中途解約の戻り（解約返戻金）はありません。「長期平準定期保険」、「逓増定期保険」という特殊な定期保険があり、保険料は損金になりなおかつ解約返戻金があるという、節税と貯蓄性を兼ね備えた保険もあります。

■養老保険■

「養老保険」とは死亡保障と合わせ貯蓄性の高い保険で、次の特徴があります。

① 死亡したときには死亡保険金が支払われる。
② 満期のときに死亡保証金と同額の満期保険金が支払われる。

養老保険は貯蓄性が高い保険なので、保険受取人の違いによって保険料の取扱いが次のようになります。

① 保険受取人が会社の場合……資産計上
② 保険受取人が本人の場合……給与

③　生存保険金の受取人が会社　　　　二分の一は資産計上
　死亡保険金の受取人が遺族の場合　　二分の一は福利厚生費

法人の節税としては③のプランを使います。その場合は社員全員加入が原則となります。

このプランは保険料の半分を経費にすることから「ハーフタックスプラン」と呼ばれています。

このように、生命保険もその種類や契約形態によってその取扱いが異なってきます。それを表にすると、次のようになります。

それぞれのメリット、デメリットを検討して利用する必要があります。

■ 生命保険の取扱い ■

	保険金受取人が会社	保険金受取人が本人（死亡時遺族）	生存保険金は会社，死亡保険金は遺族
養老保険の保険料	資産になり経費にならない	給与となり源泉所得税がかかる	2分の1は資産になり，2分の1は給料以外の経費（福利厚生費など）になる
定期保険の保険料	給料以外の経費（福利厚生費など）になる	給　　与	（生存保険金はない）

《2》社宅を活用した節税方法

社長の自宅を個人で購入しても、住宅ローン控除が所得制限で適用できないことや適用期限を超えると節税効果が得られない場合があります。

そこで会社で社宅を購入し、役員や従業員に賃貸するということをお勧めします。

会社で社宅を購入すると、借入金の利子や減価償却費、固定資産税、火災保険料、登記費用等の経費が損金に算入できて税制上非常に有利といえます。

また、社員の福利厚生においてもメリットがあり、社員の士気向上、定着率のアップにもつながります。

役員または従業員からの賃料については次の「通常の賃借料の額」が定められており、その金額以上の家賃をとっていれば給与課税されることはありません。

■ 役員の場合 ■

❶ 小規模住宅

（木造住宅で床面積132㎡以下，それ以外は99㎡以下）

最低賃貸料＝

$$\text{その年度の家屋の固定資産税の課税標準額(A)} \times 0.2\% + 12\text{円} \times \frac{\text{家屋の総床面積}(\text{m}^2)}{3.3(\text{m}^2)}$$

$$+\text{その年度の敷地の固定資産税の課税標準(B)} \times 0.22\%$$

❷ そ　の　他

最低賃貸料＝

$$\{(A) \times 12\%(\text{木造以外は}10\%) + (B) \times 6\%\} \times \frac{1}{12}$$

［借上げ社宅については，この計算で出た金額か，「会社が支払う賃借料（月額）×50%」のどちらか多い金額となる］

■ 社員の場合 ■

最低賃貸料＝

$$\{(A) \times 0.2\% + 12\text{円} \times \frac{\text{家屋の総床面積}(\text{m}^2)}{3.3\text{m}^2} + (B)\} \times 0.22\% \times 50\%$$

〈3〉社員旅行は四泊五日で!!

社員旅行は、社員間の交流、親睦を図り、事業を円滑に進めるために一般的に行われている社内行事です。この社員旅行は当然「福利厚生費」で費用計上し、節税対策の一つにしたいと思いますが、その形態によっては従業員の「給与」にされたり、「交際費」とみなされることがありますので、注意が必要です。

福利厚生費にするには

福利厚生費に計上できる要件とは、次のとおりです。

① 社員全員を対象にする

一部の社員ではなく全社員を対象にします。工場、支店、部課単位でそれぞれ全員対象にする場合も認められます。

② 参加割合は五〇％以上

参加割合は五〇％以上必要です。

③　現地四泊五日まで

海外の場合は、機中泊を除き現地四泊五日までＯＫです。

④　現金支給は要注意

不参加の人に現金支給した場合は、不参加の人以外にも旅行費用が社員全員に対し給与課税されます。なお、保安のために残った社員に支給する現金は給与に計上されますが、他の社員は給与課税されません。

⑤　旅行費用が高額でないこと

社員旅行が海外旅行というケースは最近よくありますが、一人あたりの旅行費用があまり高額になると、給与課税されてしまうリスクがあります。おおむね一人あたり一〇万円以内であれば、給与とされないでしょう。

■ 社員旅行費用の取扱いは？ ■

❶ 福利厚生費となるケース

① 期間が４泊５日以内
② 従業員の参加割合が50％以上
③ 高額な旅行費用でない（１人10万円以内）

❷ 給与となるケース

① 期間が４泊５日を超えるとき
② 従業員の参加割合が50％未満
③ 自己都合不参加者に現金支給
④ 高額な旅行費用

❸ 交際費となるケース

① あまりに高い宿泊費（豪華ホテル）
② 高額な食事代（高級レストラン）
③ 常識を超えた遊興

〈4〉永年勤続社員に記念品を贈る節税方法

永く勤めた社員に対し、会社として表彰し、記念品を贈ることがあります。この費用は福利厚生費として損金計上できます。

この制度は社員の励みになりますし、定着率の向上にも役立つと思われます。そのためにも表彰規程を作成しておき、その規程に従って表彰を行うべきです。ただし、この場合は次の二つの要件を満たすことが必要になります。そうでない場合には、社員に対し、給与課税が行われます。

■要　件■

① 記念品の価格が社会通念上妥当であると認められる。

② おおむね一〇年以上の勤続年数の社員を対象とし、二回以上表彰を受ける社員については、おおむね五年以上の間隔を置いて行われる。

また、この場合、記念品を現金や商品券で贈ると、金銭と同様のものとされ給与課税されますので注意が必要です。旅行の招待のケースでも、旅費を現金支給すると給与課税されるので、旅行クーポン券を渡すべきでしょう。

〈5〉レジャークラブを節税に利用しよう

レジャークラブの入会金、年会費、利用料、その他の費用はそのクラブの名義や利用状況により給与、交際費、福利厚生費という各科目に区分されて取り扱われることになります。

特定の役員や従業員のみがもっぱら利用する場合には、入会金は資産とされ年会費や利用料はその役員や従業員に対する給与とみなされ源泉所得税の対象となります。

また、得意先への接待の目的で利用している場合は交際費に計上され、一般の従業員に利用させている場合は福利厚生費として取り扱われます。

結論として、給与は個人の所得税、住民税の対象となり、交際費には損金計上の限度額がありますので、節税効果が高いのは全額損金になる福利厚生費です。

そこで、福利厚生費として計上する場合のポイントをあげておきます。

① 全社員が利用できる。
② 社内にレジャークラブの利用規約がある。
③ 社員の利用実績の記録を残している。

参考までに、ゴルフクラブ、レジャークラブに支出する費用の区分を表にしたのが、次の図です。

■ ゴルフ・レジャークラブに支出する費用の区分 ■

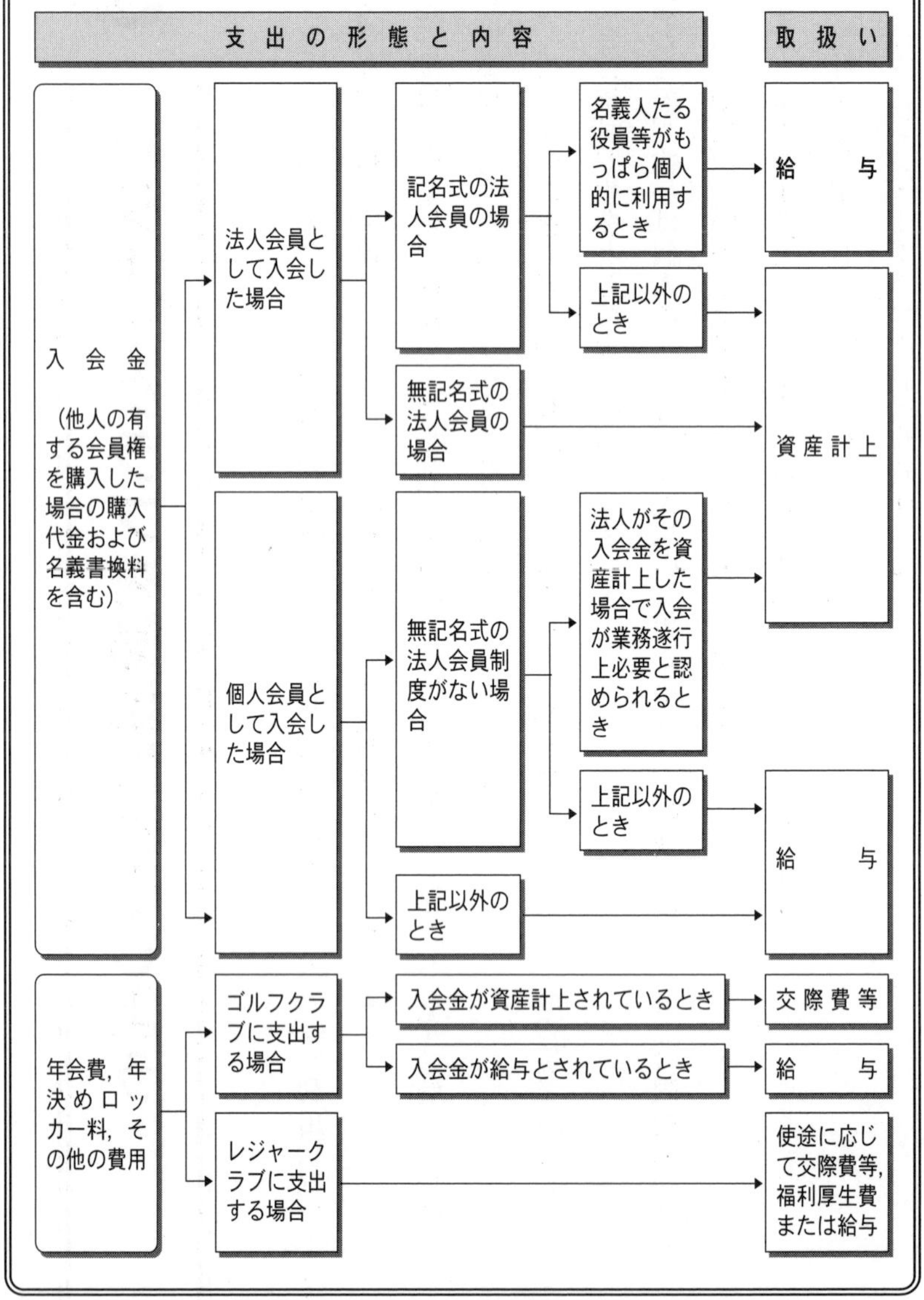

《6》社葬を費用計上するポイントは？

会社の役員が亡くなった場合に、会社が社葬を行うことがあります。

このような社葬に関する費用は、その役員の経歴、地位、生前の功績等からみて、社会通念上妥当と認められる場合は、全額福利厚生費として損金計上できます。

社葬費用の範囲は社葬の広告費用、葬儀社への支払い、社葬時の読経料、弔問客の飲食費や送迎費用が一般的には考えられます。

ただし、密葬の費用や戒名を受けるための費用、墓石、仏壇等の費用は遺族が負担すべきとされていますので社葬費用には含まれません。

ここで注意すべきことは相続税との関連です。

社葬費用は会社の損金計上ですが、遺族が負担した場合は相続税の計算上、葬儀費用として控除することができるのです。

ちなみに法人の税率は約三四％とされています。相続税の税率が三四％以上である場合には相続税の計算上、葬儀費用として相続財産から控除したほうが有利といえます。

目安として、相続税の税率が四〇％以上ということは、法定相続人一人の法定相続分が一億円超、二億円以下の範囲です。

したがって、相続人が一人で法定相続分が一億円以下の場合には、社葬費用にしたほうが節税上有利といえます。

香典は、会社の収入にすることも遺族が受け取ることも、いずれも認められています。

会社の収入にすると益金算入されて法人税が課されます。遺族が受け取る場合には非課税ですので、遺族が受け取るほうが有利といえます。

ただし、香典返しは香典を受け取ったほうが負担しなければなりません。

〈7〉忘年会の二次会の費用を全額福利厚生費にする方法

会社が行う忘年会、新年会等の費用は、社員が全員参加で常識的な範囲内の金額であれば福利厚生費として扱われます。

ただし、特定の役員や社員、得意先のみを対象にしたり、通常の範囲を超えて高額な忘年会等を行った場合には福利厚生費でなく交際費となります。

問題は二次会の費用です。

一般的な見解としては忘年会等の一次会のみが公式行事として福利厚生費で扱われ、二次会からは飲みたい人たちだけが勝手に行く非公式行事であるとして交際費にするというものです。

ただし、一次会は福利厚生費で二次会が交際費であるという税法上の根拠は何もありません。

税法の大原則に「実質課税の原則」というものがあります。

二次会であればすべて交際費であるという形式的な考え方でなく、実質が福利厚生目的か否かが問題なのです。

二次会でも、全員で場所を移動しただけで一次会の延長という場合は、有志のみで行くケースとは異なり福利厚生費とすべきでしょう。この場合、「二次会」といわずに「場所を変えて一次会の続き」とした方がよいかもしれません。

そのためにも、会社としては忘年会等の幹事を通して次のような要件を満たす準備をする必要があります。

① 全社員が二次会に参加
② 一次会と二次会がセットで計画に入っている
③ 予算が一般的常識の範囲内である
④ 他の費用と区分して経理をする

第3章 営業経費に関する節税対策

〈1〉試験研究費の税額控除

■趣　旨■

ＩoT、ビッグデータ、ＡＩ（人工知能）を活用した「第四次産業革命（注）」による産業開発を支援する目的で、それらの研究開発投資に対する税額控除を大幅に拡充した。

（注）第一次は、一八世紀後半の英国の産業革命
第二次は、二〇世紀初頭の電気エネルギーによる大量生産化
第三次は、二〇世紀後半のインターネット等のＩＴ革命をいう。

■改正のポイント■

(1) 総額型の控除率を試験研究費の増減に応じてメリハリをつける。

(2) 第四次産業革命型の新たな「サービス」の開発にかかる試験研究費を対象に追加。

■「総額型」の見直し■（109頁参照）

＜現行制度＞

① 控除額：試験研究費の総額×控除率（※1）

※1　売上高に占める試験研究費の割合（試験研究費割合）に応じて八～一〇％

② 控除限度額：法人税額の二五％

＜改正の内容＞

試験研究費の総額に乗じる控除率を次のとおりとする。なお、一〇％を超える部分は二年間の時限措置とし、控除率の上限を一四％とする。

増減割合五％超：九％＋（増減割合－五％）×〇・三（上限一四％）

増減割合五％以下：九％－（五％－増減割合）×〇・一

増減割合▲二五％未満：六％

増減割合＝（試験研究費の額－比較試験研究費（※2））／比較試験研究費（※2）

※2　比較試験研究費：前事業年度三年内の試験研究費の平均額

■「特別試験研究にかかる税額控除」の見直し■

（※　オープンイノベーション型）

①　対象範囲

直接経費のみに限定していたものを光熱費や修繕費等の間接経費も含まれるよう対象範囲を拡大

②　契約変更前に支出した費用の取り扱い

その契約にかかるものであることが明らかであり、支出日と契約変更日が同じ事業年度であれば対象

③　対象費用の額の確認

領収書等との突合までは求めないことを明確化

④　控除限度額：法人税額の五％

※　オープンイノベーション型……大学、国の研究機関、企業等との共同・委託研究等の費用（特別試験研究費）総額にかかる控除制度

■中小企業技術基盤強化税制の拡充■（109頁参照）

〈現行制度〉

① 控除額：試験研究費の総額×一二％

② 控除限度額：法人税額の二五％

〈改正の内容〉

試験研究費の増加割合が五％を超える中小企業者については、試験研究費の総額に乗じる控除率を次のとおりとする。なお、一二％を超える部分は二年間の時限措置とし、控除率の上限を一七％とする。

控除率：一二％＋（増加割合－五％）×〇・三（上限一七％）

控除限度額：現行の控除限度額（法人税額の二五％）に一〇％上乗せ→合計三五％（※）

※　一〇％上乗せした場合には、次の別枠「高水準型」は選択できない。

■別枠の税額控除制度の見直し■（110頁参照）

別枠の税額控除制度については、いわゆる「増加型」の税額控除制度を廃止したうえで、「高水準型」は適用期限を二年延長する。

「高水準型」とは、試験研究費の試験研究費割合が一〇%を超えた場合の制度

控除額：(試験研究費の総額－平均売上金額×一〇%)×(試験研究費割合－一〇%)×〇・二

また、試験研究費割合が一〇%を超える場合には、「高水準型」に代えて次の税額控除を適用できることとする。

法人税額×(試験研究費割合－一〇%)×二

控除限度額：法人税額の一〇%(現行のまま)

■ 試験研究費の範囲の見直し ■

従来の「製品の製造又は技術の改良等にかかる試験研究のための費用」に、新たに下記のような「新サービス」の開発を目的とした試験研究のための費用を追加。

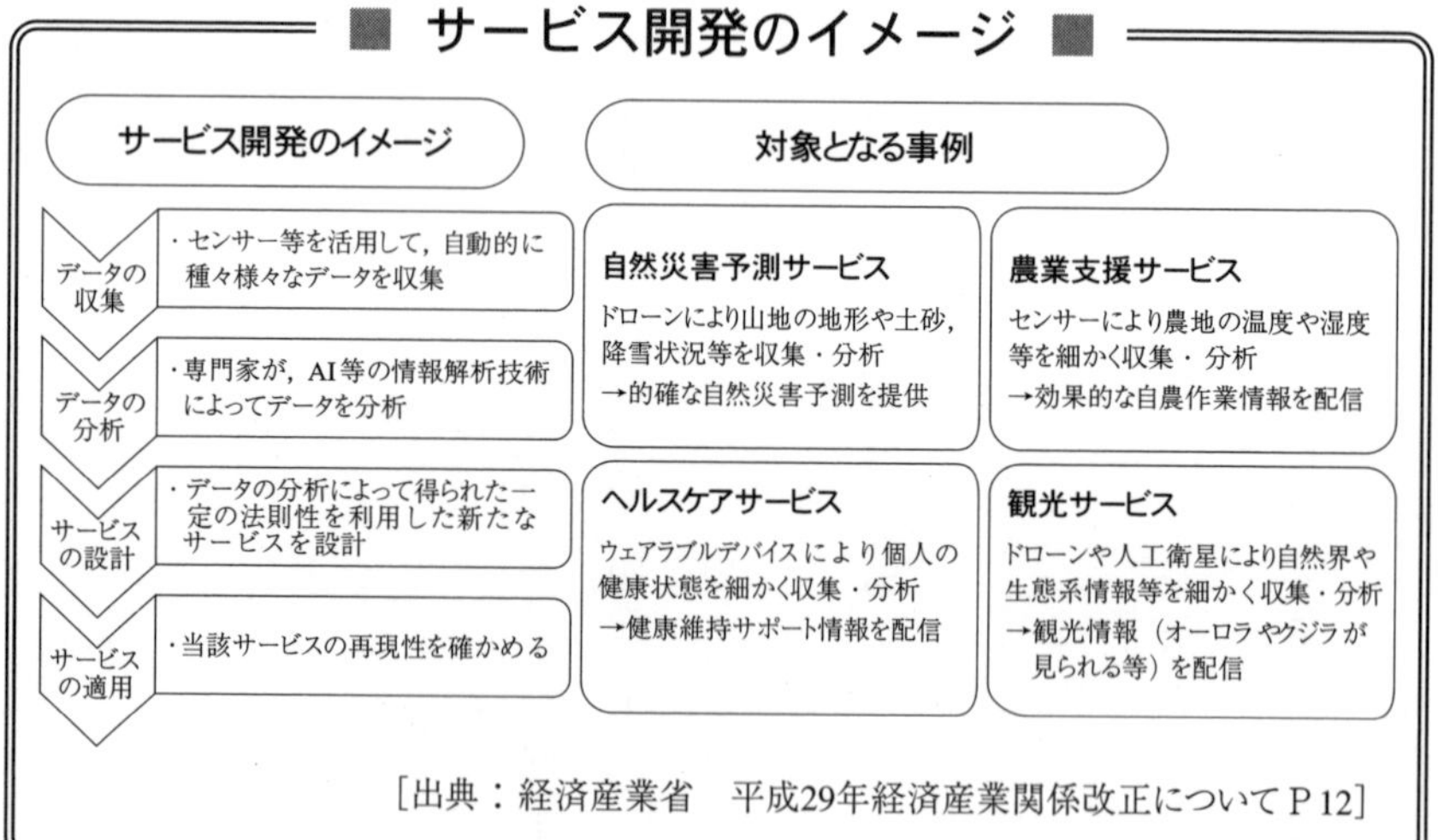
■ サービス開発のイメージ ■
サービス開発のイメージ
対象となる事例
データの収集
・センサー等を活用して，自動的に種々様々なデータを収集
データの分析
・専門家が，AI等の情報解析技術によってデータを分析
サービスの設計
・データの分析によって得られた一定の法則性を利用した新たなサービスを設計
サービスの適用
・当該サービスの再現性を確かめる
自然災害予測サービス
ドローンにより山地の地形や土砂，降雪状況等を収集・分析
→的確な自然災害予測を提供
農業支援サービス
センサーにより農地の温度や湿度等を細かく収集・分析
→効果的な自農作業情報を配信
ヘルスケアサービス
ウェアラブルデバイスにより個人の健康状態を細かく収集・分析
→健康維持サポート情報を配信
観光サービス
ドローンや人工衛星により自然界や生態系情報等を細かく収集・分析
→観光情報（オーロラやクジラが見られる等）を配信
［出典：経済産業省　平成29年経済産業関係改正についてP 12］

■ 総　額　型 ■

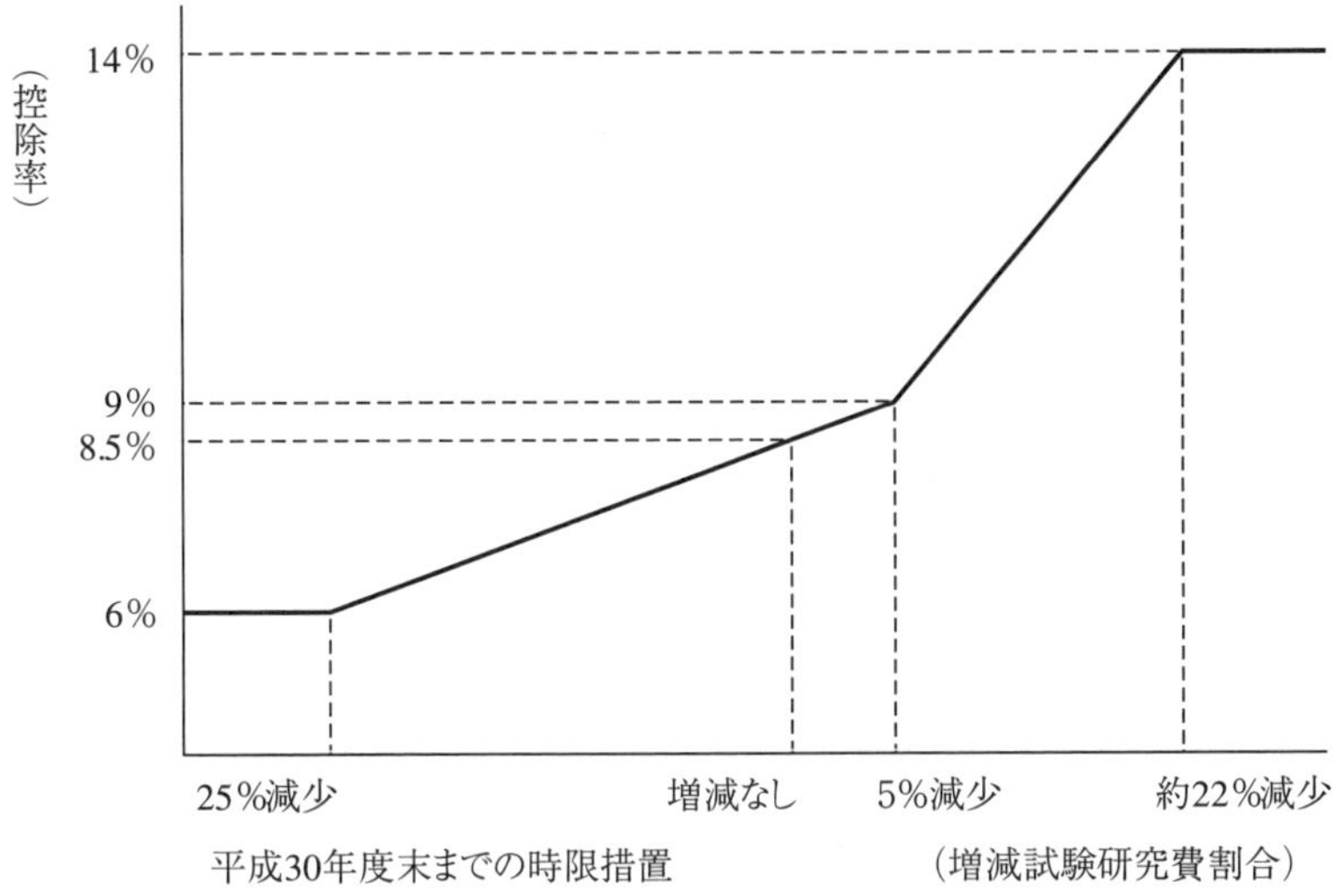

[出典：経済産業省　研究開発税制の概要]

■ 中小中小企業技術基盤強化税制 ■

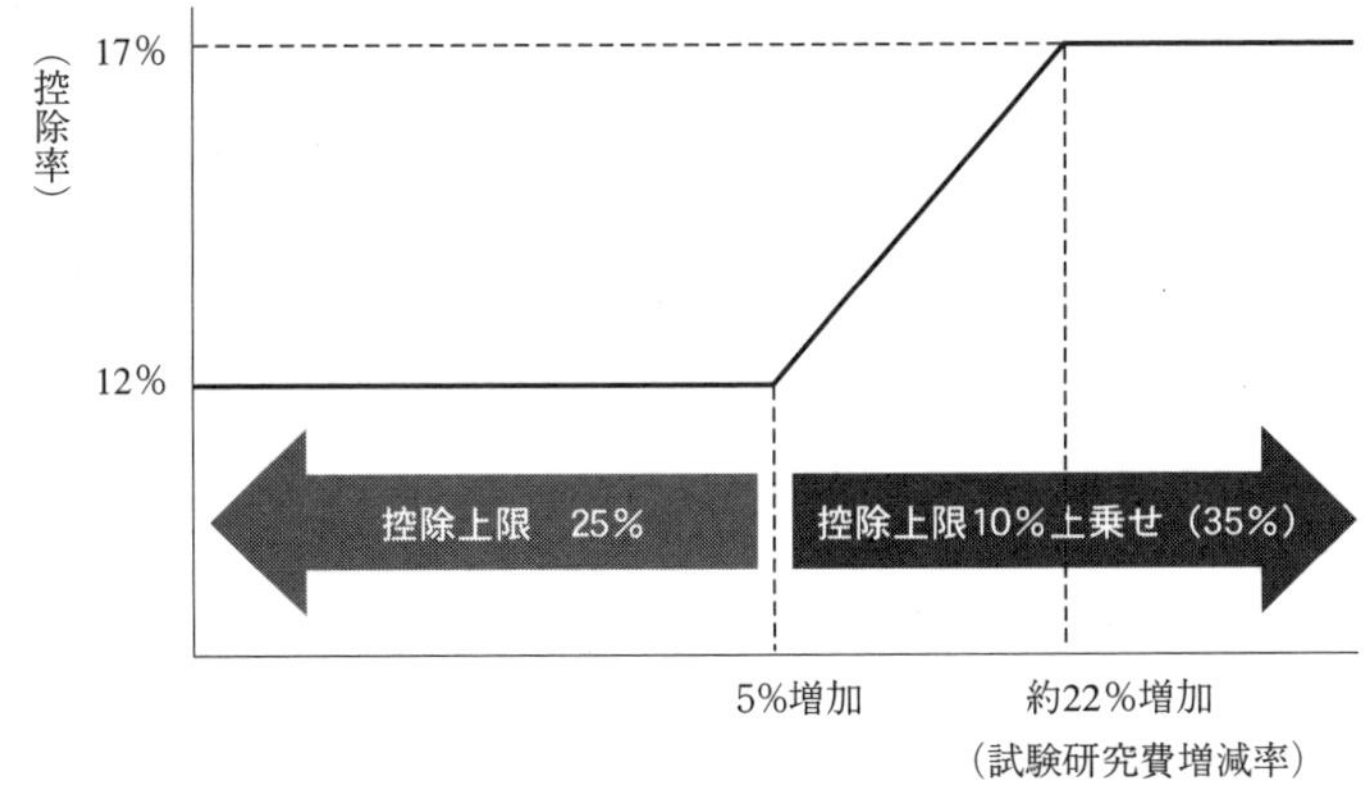

※　控除率が12%超の部分及び控除上限の10%上乗せは時限措置（２年間）
※　控除上限上乗せと高水準型は選択性

[出典：中小企業庁　平成29年度税制改正の概要について]

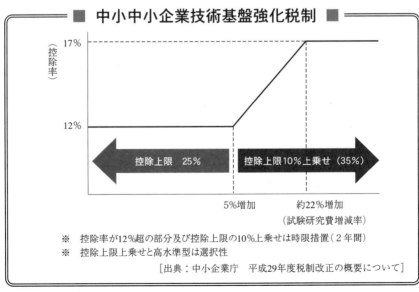

■高　水　準　型■

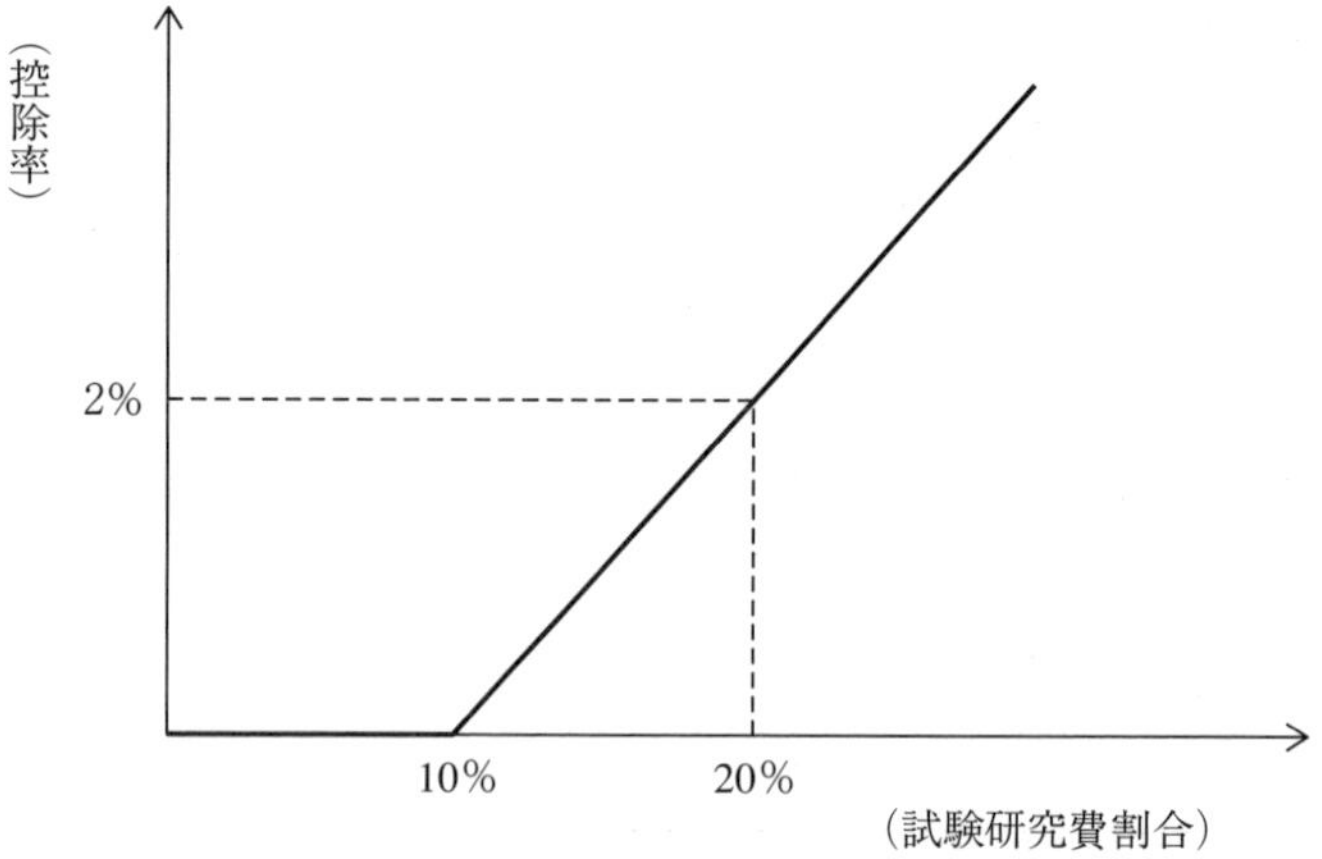

［出典：経済産業庁　研究開発税制概要］

■控除額比較表■

上乗せ措置（時限措置）　　【Ｃ高水準型】

【Ａ総額型】本体（恒久措置）【Ｂオープンイノベーション型】

控除率 大企業の場合： 試験研究費の増減に応じて６～14% ※控除率10%超の部分は時限措置（２年間） 中小企業等の場合（中小企業技術基盤強化税制）： 試験研究費の増加に応じて12～17% ※控除率10%超の部分は時限措置（２年間）	＋	控除率 相手方が大学・特別研究機関等の場合 ⇒ 30% 相手方がその他（民間企業等）の場合 ⇒ 20%

【控除上限】

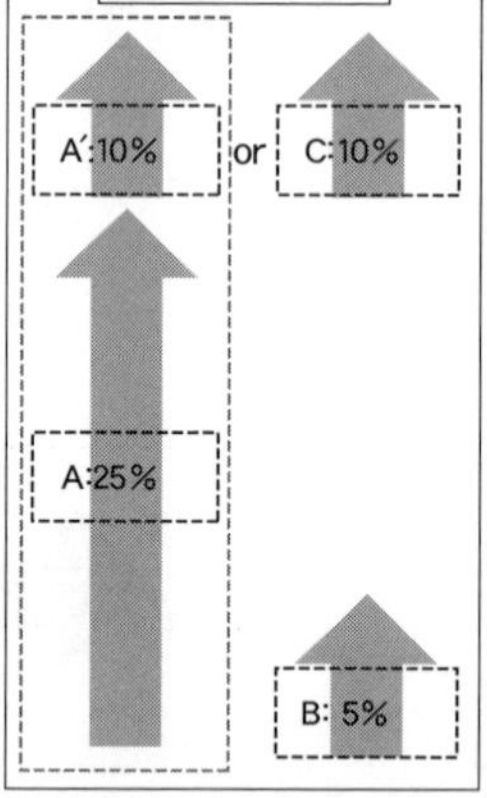

※総額型の控除上限（A'）について，①試験研究費割合が10%超の場合，その割合に応じて０～10%を上乗せ，②中小企業技術基盤強化税制について，試験研究費増加割合５％超の場合，10%上乗せ。ただし，いずれも高水準型（上記Ｃ）と選択制。

［出典：中小企業庁　平成29年度税制改正の概要について］

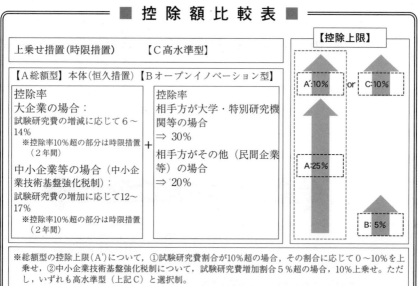

〈2〉交際費の取扱いが大きく変わった！

■交際費課税が大改正■

交際費の取扱いが、平成二五年と平成二六年の二回の改正で大きく変わりました。

交際費は昭和二九年に「自己資本の充実」、「冗費の抑制」という目的で「交際費損金不算入制度」ができ、以来六〇年間続いてきました。

例外的に、中小企業においては年間六〇〇万円までは九〇％部分は損金（費用）算入を認めるということでしたが、平成二五年度の改正で、年間八〇〇万円については全額費用計上が可能になりました。

これにより、従来は飲食関係の費用を「福利厚生費」「会議費」または「交際費」にするかで税額が変わってきましたが、いずれにおいても費用計上ができることになり、企業経営上は非常に朗報といえます。年八〇〇万円という制限がありますが、子会社があれば二社で一、六〇〇万円になりますので、ほぼ制限なしといえると思います。

大企業については、従来交際費は全額損金不算入でしたが、平成二六年の改正で飲食に関する交際費（以下「飲食交際費」という）の、五〇％を損金算入できるようになりました。

中小企業のみならず大企業においても、社会通念上必要な中元、歳暮、接待等の交際費は当然損金に算入すべきものですので、この改正は大きな一歩だと思います。

これにより法人の交際費課税制度は、少額飲食費（次頁参照）を含めて、下記のようになります。

■ 交際費損金算入限度額の比較 ■

＜中小企業＞

年800万円
飲食交際費の50％　｝いずれか多い方選択

＜大企業＞（資本金１億円以上）

飲食交際費×50％

＜大企業，中小企業全ての適用＞

少額飲食費は損金算入
（１人5,000円）

〈3〉飲食代の交際費は五、〇〇〇円以下に!!

■少額飲食費制度■

これまでみてきたように、交際費に対する損金算入の範囲が広がってきましたが、飲食交際費が一人あたり五、〇〇〇円以下であれば交際費に算入せずに損金算入することができます。いわゆる「少額飲食費」の制度です。

この制度は、支出する飲食等のために要する費用のうち一人あたり五、〇〇〇円以下の金額については、次の一定要件に該当すれば交際費等に算入しないで費用計上が可能になるというものです。

つまり、飲食関係の領収証の合計額を参加人数で頭割りした場合、一人あたり五、〇〇〇円以下であれば交際費にしないで会議費・福利厚生費等の費用に計上することができるのです。一人あたり五、〇〇〇円の飲食であれば、高級店でなければ、ほとんど該当することとなりますので、非常に有利といえます。積極的に利用すべきでしょう。

■一定要件■

① 法人の役員、従業員またはこれらの親族に対する接待等のための支出でないこと
② 次の事項を記載した書類を保存していること
(イ) 飲食等のあった年月日
(ロ) 参加した得意先等の氏名または名称、およびその関係
(ハ) 参加した者の数
(ニ) 費用の金額、飲食店等の名称、所在地
(ホ) その他参考となる事項

《4》会議費を損金計上する方法は？

■会議費と交際費の区分■

実務上いちばん頻繁に出てきて、交際費との区分が難しいのが、会議費です。会議費とは、得意先や仕入先等の事業関係者との打ち合せや会議、交渉等に係わる費用のことをいいます。

ただし、そのような場所では飲食が伴うことがよくありますので、接待との区分を明確にする必要があります。法人税法上でも、「会議、商談、打ち合せ等に関連して、茶菓、弁当その他これらに類する飲食物を供与するために通常要する費用」は交際費ではないと規定しています。

基本的には、実質上、会議の実体があることを明確に記録し、積極的に証明をすれば会議費として、損金計上できます。

よくいわれる、三、〇〇〇円以下であれば会議費で費用計上でき、三、〇〇〇円超であれば交際費になるということは、税法上明確な規定はありません。ホテルの会議室で弁当を食べて会議を行った場合には三、〇〇〇円以上かかったとしてもその費用は会議費そのものなのです。

では、具体的に会議費として費用計上するためにはどのようにすればよいか、みていきましょう。

❶ 会議や打ち合せの記録を残す

会議を行った場所、日時、メンバー、内容、議事録等を明確に作成することにより会議の実体を証明できます。

❷ 会議後の接待、慰労、懇親等の費用を明確に区分する

会議の後に接待、慰労のための懇親会を行う場合には、会議の費用と別に処理をする必要があります。

❸ 会議の会場費、弁当代等の実質部分を明確にする

ホテル等の会議のための会場費や弁当代や茶菓子等の費用は、明細により区分しなければなりません。また、食事については、ビール一本やワイン二～三杯の飲食も認められています。

〈5〉招待旅行を交際費とされない方法は？

事業の円滑化を図るために、得意先やメーカー等を観光地に招待し、新製品の説明会等の会議を行い、あわせて宴会や観光ゴルフを行うことがあります。

このようなケースで、会議が形式的なものであれば、その旅行全体の費用が全額交際費とされますが、会議に実体があれば会議部分は会議費として費用計上することができます。

そのためには、次の点に留意しなければなりません。

❶ 接待を伴う会議の場合は、会議部分を明確に区分する

会議のあと、宴会・観光等の接待がある場合は、全体のうち次の会議費相当部分を区分して費用計上します。

＊ 会議費部分……会議場までの旅費、会議開催地での宿泊費、会議場の会場費、会議場での茶菓子代、弁当代、講師謝礼金、当社担当者の出張費用、など。

❷ 会議に関する資料を保存する

会議に関する予定表、議事録、参加者名簿、配布資料、ビデオ、会議費の領収証等を整理保存しておく必要があります。

《6》記念パーティは会費制で行うと節税効果大

たとえば、創立二〇周年の会社がホテルで得意先や関係者等を招待し、記念パーティを行う場合がありますが、その記念行事にかかった費用は交際費として取り扱われます。

また、得意先等からの祝い金は雑収入として収益計上され、パーティ費用との相殺は認められていません。

つまり、支出交際費が八〇〇〇万円を超えている場合には、パーティ費用は交際費として損金に算入されず、祝い金は収益として、ダブルで課税されるのです。では、ダブルで課税されない方法はないのでしょうか。

このような場合は、会費制のパーティにすることをお勧めします。

得意先等からは、パーティ会費として受け取り、パーティの実費部分を負担してもらうという方法です。つまり、得意先等からパーティ費用の一部を預かり、全体のパーティ費用の支払いの一部に充当したという考え方です。

このようにすると、記念パーティの費用と相殺することができ、その分節税効果が図れます。

〈7〉接待用施設を所有して節税しよう

接待といえば料亭やクラブ、ゴルフ場で行うのが一般的でしたが、最近は別荘やレジャークラブ等を接待用施設として利用することも増えています。

このような施設を利用する場合、賃借するケースと自社で建築または購入するケースの二通りが考えられます。

節税対策上は断然、自社所有したほうが有利といえます。

なぜならば、賃借する場合の賃借料は全額交際費となりますが、自社所有の場合は建物本体は減価償却費となり、火災保険料、固定資産税、管理費、借入金利子等の経費はすべて交際費以外の経費となり、損金算入されることになります。

このように、接待用施設を自社所有すると節税効果が上がるだけでなく、趣向をこらした接待もでき得意先にも喜ばれるでしょう。

また、それ以外の期間には従業員の福利厚生施設としても利用できるので、従業員の士気向上にも効果があります。

■ 接待用施設を利用する費用の扱いは？ ■

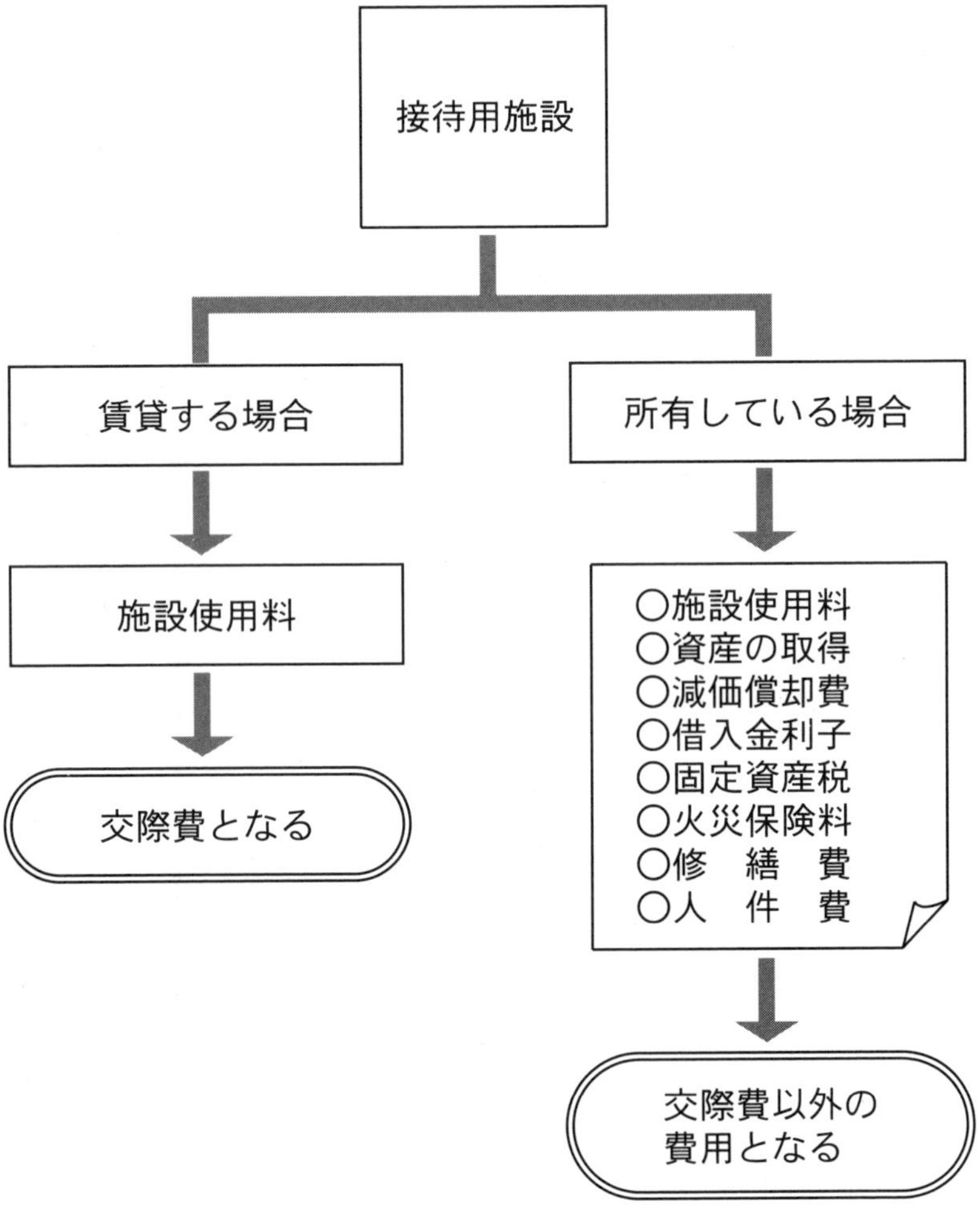

接待用施設は所有した方が節税効果大

《8》出張費の節税対策

出張旅費を経費にする場合には実費精算して処理します。出張旅費は会社の当然の営業経費ですが、具体的には交通費、宿泊費、日当などの経費のことをいいます。

交通費や宿泊費については、よほど豪華なホテルに泊まったり観光目的でない限り、実費精算で経費計上できます。

ただし、日当については実費精算できずに給与課税される可能性がありますので、一定要件の旅費規程を備えることにより、旅費交通費として経費処理できます。

❶　旅費規程を作る

日当は、一定の基準の旅費規程に基づいて定額で支給されている場合には経費として認められます。宿泊費や交通費も同様に実費精算によらず、旅費規程の基準による定額支給により経費計上ができます。

この旅費規程には、次の条件を満たす必要があります。

■ 旅費規程に必要な要件とは？ ■

①	役員，従業員を通じて，支給額のバランスがとれていること
②	同業種，同規模の他社に比して，支給額が妥当であること

① 役員、従業員を通じて、支給額のバランスがとれていること

② 同業種、同規模の他社に比して、支給額が妥当であること

つまり、これらの要件を満たす旅費規程で支給される日当は給与課税されないのです。ただし、一般より不必要に高額な場合には給与課税され、役員については役員賞与と認定されますので注意が必要です。

❷ 出張の報告書・精算書等の保管

旅費規程を適用する場合には、出張申請書と報告書の提出が定められています。これらの書類は実費精算に代わる出張の証拠書類ですので、旅費精算書とともに保管しなければなりません。

〈9〉海外出張費の処理のノウハウ

中小企業でも業種によっては、海外出張に最近はよく行くようになりました。

海外出張は当然、営業上の経費ですが、場所が海外ですのでどうしても観光目的ではないのかと疑われる部分もあります。特に役員については比較的自由な裁量が認められている立場にありますので、一層厳しくみられることがあります。そのようなわけで、海外出張費用の処理に関して税務当局は観光と業務の区分の仕方について目を光らせています。そのためにも海外出張費を経費として処理するには、それが業務上に必要な経費であることを証明できるようにしなければなりません。

そこで、法人の海外出張旅費の費用処理について、業務目的であることを証明するためには、次の事項がポイントになります。

❶ 出張に関する業務上の資料を整備・保管する

海外出張の予定表、報告書、旅費精算書、スケジュール表、海外取引先の製品カタログ・サンプル等を整理して保管すること。

❷ 観光と業務の区分を明確にする

明らかに観光目的の費用と業務用の費用と分類できる場合は明確に区分する。区分困難な共通経費については、観光と業務それぞれにかかった日数の割合等の合理的基準で按分計算して区分する。

❸ 家族同伴は要注意

通常、家族同伴の場合は観光とみなされますので、夫婦同伴が要件の国際会議等を除きなるべく避けたほうがよいでしょう。

❹ 海外旅費規程を整備しておく

海外旅費規程があれば国内の旅費規程と同様に、実費精算によらずに経費処理することができる。

〈10〉自宅をオフィスとする節税方法

社長の自宅の一部を会社のオフィスとして使用することによる、節税メリットについて検討してみましょう。

社長の自宅に対し、会社が家賃を支払うには、次の要件が必要となります。

① 契約書を作成する。

② 合理的に算定された家賃とする。

③ 現金を実際に支払う。

家賃は、全体のうちオフィス部分の床面積の占める割合により、業務占有割合を算定し、賃貸物件であればその家賃に応じて算定し、自己所有物件であればその占有面積を近隣相場で賃貸した場合の金額で算定する必要があります。

また、別のメリットもあります。この家賃は社長の不動産収入として確定申告することとなりますが、住宅ローンの支払利息と減価償却費、固定資産税、火災保険料等が必要経費として計上できるので、不動産所得のマイナスとなり、役員報酬に対する税金が節税できるのです。

ただ、注意点としては、自宅を住宅ローン特別控除の適用に充てている場合には、その部分にふれない範囲で、オフィス部分を決めないと、せっかくの住宅ローン特別控除のメリットが減少することとなります。

第4章 減価償却に関する節税対策

〈1〉固定資産取得時の経費はどこまで計上できるか？
〈2〉車両購入時の諸経費の有利な処理方法
〈3〉中小企業者は三〇万円未満の減価償却資産を全額損金にできる
〈4〉美術品は購入とリースどちらが得か？
〈5〉「特別償却」を利用して節税効果を上げよう
〈6〉中小企業投資促進税制の拡充・見直し
〈7〉「特別償却」と「税額控除」はどちらが有利か？
〈8〉「経営支援機関」を使って節税しよう
〈9〉修繕費と資本的支出の有利な区分方法は？
〈10〉使っていない資産は「有除除却」をしよう

〈1〉固定資産取得時の経費はどこまで計上できるか？

固定資産の取得価額は原則として、購入のための費用（取引運賃・荷役費・運送保険料・手数料など）と、その資産を事業の用に供するために直接要した費用の合計額となっています。その金額をベースにして、毎年、耐用年数に応じて費用化していきます。

ただし、これは原則の取得価額であって、取得時の費用のうち、取得時に損金計上できるものがあります。

それを列挙しますと、次のような費用です。

① 固定資産の購入にかかった借入金の利子
② 割賦購入した固定資産の利息
③ 租税公課
④ 契約解除のために支出した違約金

〈2〉車両購入時の諸経費の有利な処理方法

車両購入時の価格は、本体価格と特別仕様価格、附属品、保険料、税金等の諸経費との合計額からなりたっています。

そこで、本体価格は耐用年数に応じ通常の減価償却で、諸費用の部分は本体に含め、減価償却もできますが、その期で損金計上も可能ですので、区分計上して処理するほうが有利となります。

次に、価格内容について説明していきましょう。

❶ 本体価格

全額資産になり、減価償却により損金計上。なお、値引きがある場合は費用の値引きではなく本体価格から値引きさせるほうが有利。

❷ 特別仕様価格

クーラーやミラーなど本体に取り付けてしまうものは本体同様の資産になる。ただし、社名や商品名などの文字看板は広告宣伝費で損金計上可能。

❸ 附属品

スペアタイヤは本体とセットの資産となる。それ以外の予備タイヤはスノーチェーン、ルーフキャリア、特別工具など他車にも使用できるものは消耗品費で処理可能。

❹ 保険料

任意・自賠責にかかわらず、損害保険料で損金計上可能。ただし、一年以上の契約期間があるものは、年度末までの分を損金計上し、そのほかは前払費用となる。

❺ 税　金

自動車取得税、重量税等の税金はすべて損金計上可能。

〈3〉中小企業者は三〇万円未満の減価償却資産を全額損金にできる

法人の少額減価償却資産の償却方法は、取得価額に応じた次の三つが原則的方法です。

① 一〇万円未満……取得した事業年度で全額損金算入が可能
② 一〇万円以上二〇万円未満……事業年度ごとに一括して三年間で償却可能
③ 二〇万円以上三〇万円未満……耐用年数に応じ通常の減価償却

中小企業者は、右記の方法に代えて平成一八年四月一日から平成三〇年三月三一日までの間に、取得価額三〇万円未満の減価償却資産を取得した場合には、その資産の取得価額の全額を損金算入することができます。ただし、年間償却費の限度額が三〇〇万円となりました。

この制度を利用すると、中小企業者はパソコン等のＯＡ機器のほとんどが即時償却できて大きな節税効果を得られるでしょう。

ここで、中小企業者とそれ以外の通常の法人の少額減価償却資産の償却方法の違いを表にすると、次のようになります。

（注）ここでいう「中小企業者」とは、資本金（資本積立金を含む）の額が一億円以下等の中小法人や従業員が一、〇〇〇人以下の個人事業者などです。

■ 通常の法人と中小企業者の比較 ■

■ 通常の法人 ■

取得価額	償　却　方　法
10万円未満	取得した事業年度で全額損金算入（即時償却）が可能
10万円以上 20万円未満	事業年度ごとに一括して3年間で償却（残存価額なし）が可能
20万円以上 30万円未満	耐用年数の区分に応じ，減価償却費を期間配分して計上

■ 中小企業者 ■

取得価額	償　却　方　法
30万円未満	取得した事業年度で全額損金算入（即時償却）が可能（年間合計300万円が限度） ※　H18／4／1～H30／3／31

《4》美術品は購入とリースどちらが得か？

会社の応接室に素敵な絵画や美術品が飾ってあると、上品でなごやかな雰囲気になり、お客様との会話もはずみ、ひいては商談もスムースにいくことになるでしょう。そこで、有名な絵画や美術品を購入しようと思う経営者がいると思います。

では、絵画や美術品の税法上の取扱いをみていきましょう。

法人税法では美術品に関して、次のように規定しています。

① 古美術品、古文書のように歴史的価値や希少価値を有し、代替性のないものは減価償却資産に該当しない。

② ①以外の美術品等で、取得価額が一点一〇〇万円以上であるものは減価償却資産に該当しない。

とはいえ、安価な絵画や美術品が応接室や社長室に飾ってあっても社長のセンスが疑われ、会社の信用にかかわるかもしれません。であれば、高級な絵画をリースする方法をお勧めします。

リース料は全額費用にでき、定期的に交換してくれるので、絵画、美術品の購入を考えている経営者には最適だと思います。

■ 美術品の税務区分 ■

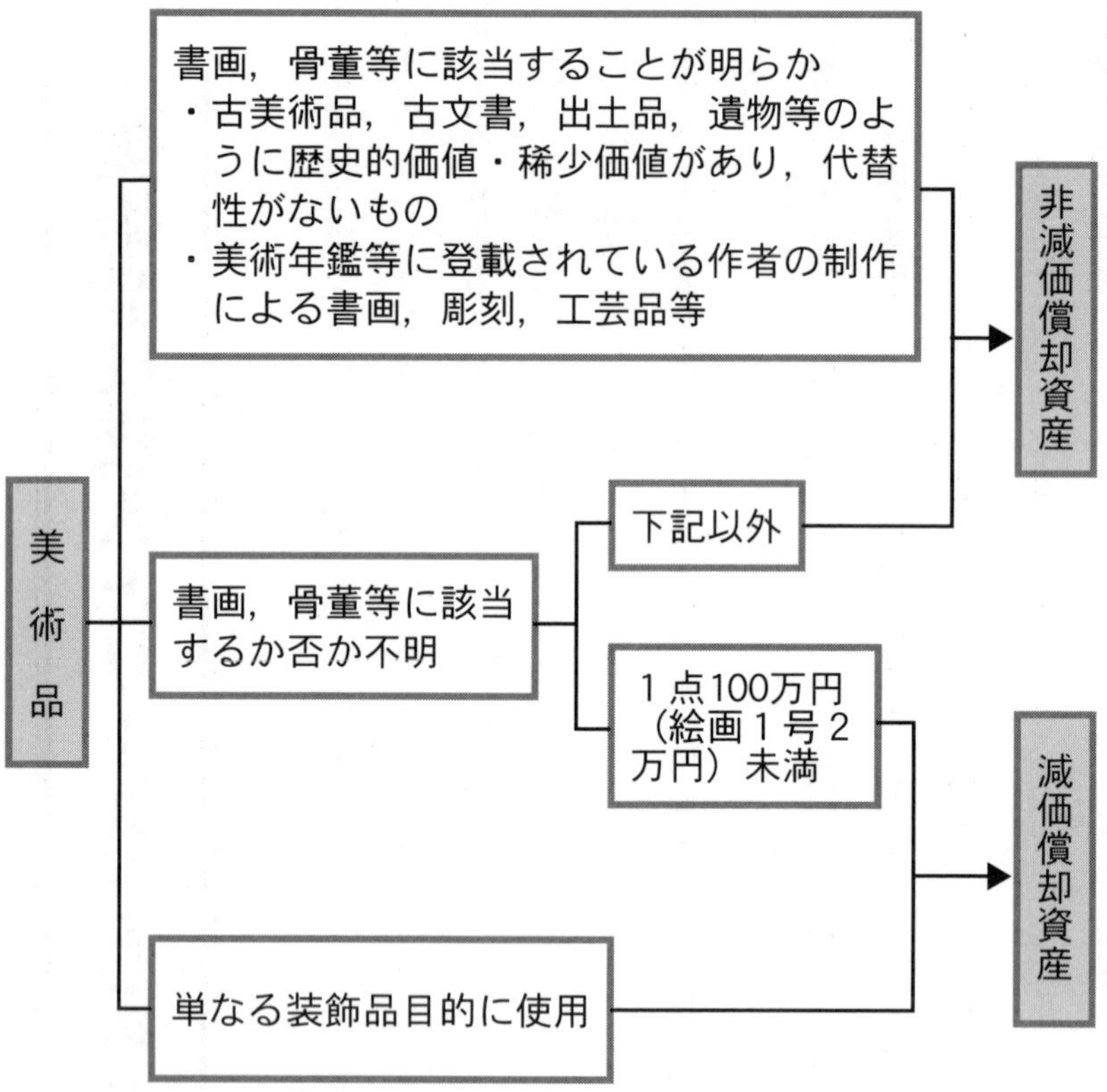
美術品
書画，骨董等に該当することが明らか
・古美術品，古文書，出土品，遺物等のように歴史的価値・稀少価値があり，代替性がないもの
・美術年鑑等に登載されている作者の制作による書画，彫刻，工芸品等
書画，骨董等に該当するか否か不明
下記以外
１点100万円（絵画１号２万円）未満
単なる装飾品目的に使用
非減価償却資産
減価償却資産

〈5〉「特別償却」を利用して節税効果を上げよう

■ 特別償却制度 ■

税法では、通常の減価償却制度（普通償却）に加えて、特別に減価償却費を計上できる「特別償却制度」というものを設けています。

特別償却は、国の産業経済政策の一環として特定の業種、地域、設備等について減価償却を別枠で認めるもので、一定期間に限って施行される「租税特別措置法」という時限立法制度です。

また、毎年の税制改正で制定、改正が行われ、その種類は三〇以上に及びますが、この制度を適用すると減価償却費を増額して計上でき、法人税の節税効果が図れることになるので、特定の業種や設備の償却を早め設備投資を促進することができます。

この特別償却は、法人税から直接控除する税額控除を選択できるものもありますので、検討する必要があります（１４３頁参照）。

特別償却（税額控除）は、国の政策に基づいていろいろな種類があり、平成二九年税制改正でも新しい制度ができましたので、既存の特別償却も含めて代表的なものをあげてみましょう。

❶　**環境関連投資促進税制**

新品のエネルギー環境負荷低減推進設備等の取得または製作もしくは建設をしてこれを国内の事業用として使った課関連設備等を取得してこれを国内の事業用として使った場合。

⇩　特別償却割合は三〇％

❷　**障害者等を雇用する場合の機械等の割増償却**

障害者を雇用している場合（障害者の雇用割合が五〇％以上など）で、障害者対応の機械、装置、工場の建物、車両などを取得した場合。

⇩　割増償却割合は二四％または三二％。期間は五年。

このようにいろいろな種類の特別償却制度があり要件も複雑ですが、適用するのとしないのとでは節税効果が大きく違ってきます。是非、積極的な利用をお勧めします。

《6》中小企業投資促進税制の拡充・見直し

■趣　旨■

① アベノミクスを一層加速させるため、中小事業者の「攻めの投資」を後押しする。

② 我が国のGDPの約七割を占めるサービス産業の生産性の向上を図るため、サービス産業も含めた中小企業が行う生産性の向上につながる設備投資への支援を拡充する。

■改正のポイント■

平成二九年三月三一日で適用期限をむかえる「生産性向上設備等を取得した場合の即時償却等」を「中小企業経営強化税制」として改組する。

■中小企業等経営強化法による認定の流れ■

① 対象者：青色申告書を提出する中小企業者・個人で中小企業等経営強化法の経営力向上計画の認定を受けた者

② 適用期間：平成二九年四月一日～平成三一年三月三一日までの間に事業供用

③ 税制上の措置
対象設備について、次の(a)・(b)のいずれかを選択適用できる。
(a) 特別償却制度：即時償却
(b) 税額控除制度：取得価額の七％（資本金三、〇〇〇万円以下または個人事業主の場合は一〇％）
控除限度額　法人税額の二〇％（控除限度額超過額は一年間の繰越が可）

④ 対象設備
中小企業等経営強化法に規定する次の経営力向上設備等をいう。

類　型	生産性向上設備（A類型）	収益力強化設備（B類型）
要　件	①経営強化法の認定 ②生産性が旧モデル比年平均１％以上改善する設備	①経営強化法の認定 ②投資収益率が年平均５％以上の投資計画に係る設備
対象設備	◆　機械・装置（160万円以上） ◆　測定工具及び検査工具（30万円以上） ◆　器具・備品（30万円以上） （試験・測定機器，冷凍陳列棚など） ◆　建物附属設備（60万円以上） （ボイラー，ＬＥＤ照明，空調など） ◆　ソフトウェア（70万円以上） （情報を収集・分析・指示する機能）	◆　機械・装置（160万円以上） ◆　工具（30万円以上） ◆　器具備品(30万円以上) ◆　建物附属設備（60万円以上） ◆　ソフトウェア（70万円以上）
確　認　者	工業会等	経済産業局
その他要件	生産等設備を構成するものであること※／国内への投資であること／中古資産・貸付資産でないこと，等	
税制措置	即時償却又は７％税額控除（資本金３千万円以下もしくは個人事業主は10%）	

※　事業の用に直接供される設備（生産等設備）が対象。例えば，事務用器具備品，本店，寄宿舎等に係る建物付属設備等は対象外。

［出典：経済産業省　平成29年経済産業関係改正について　P 19］

■ 経営力向上設備等■

生産性向上設備（A類型）

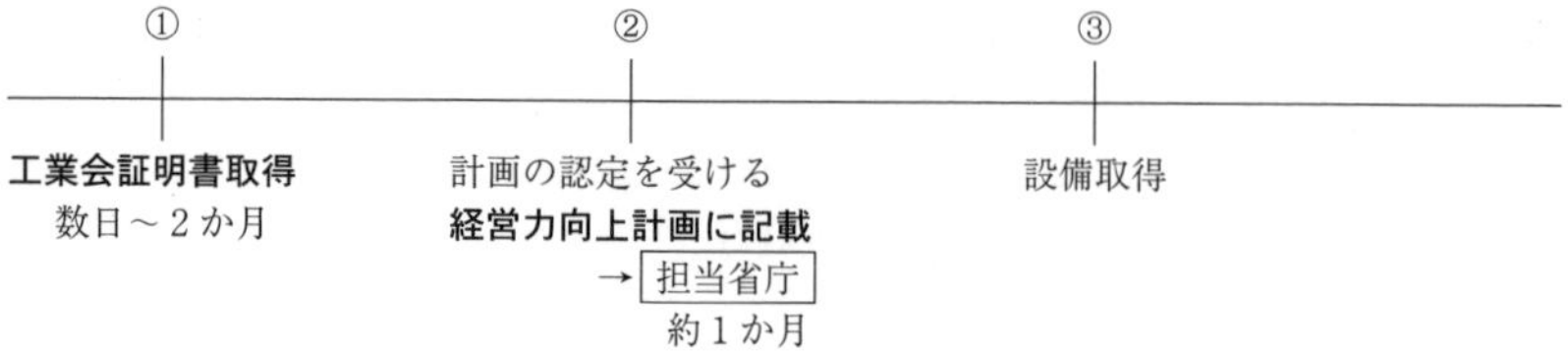

生産性強化設備（B類型）

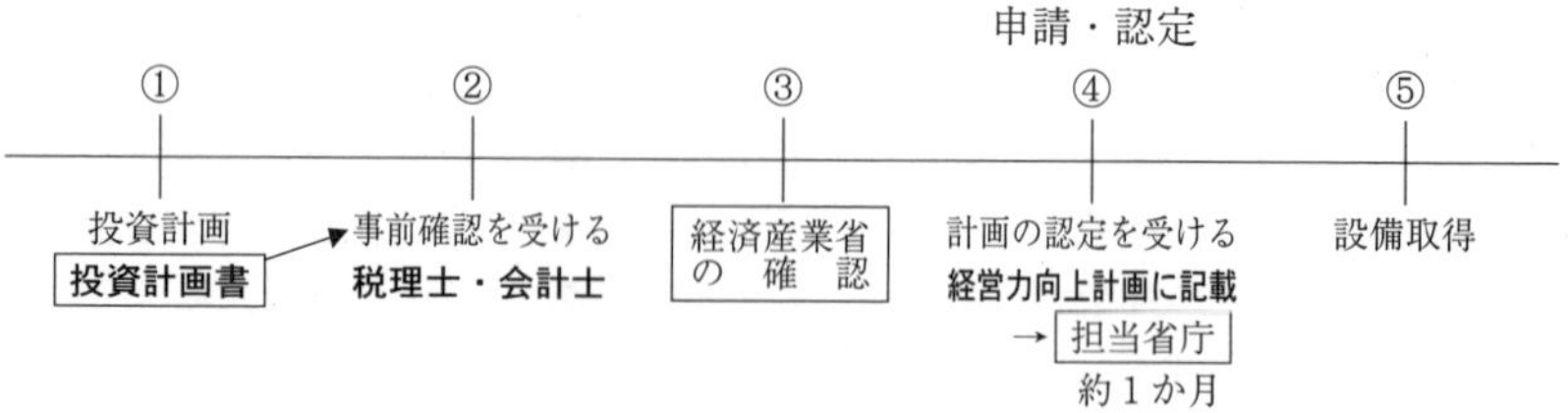

経営力向上計画策定 ↑ **認定支援機関がサポート** （※１）	人材育成，コスト管理等のマネジメントの向上や設備投資等により，事業者の生産性を向上させるための計画。 具体的には，現状認識，目標，取組内容などを記載する実質２枚の様式により策定。

⬇

担当省庁による設定	事業分野ごとの担当省庁に事業分野別指針等に則って計画を提出し，認定を受ける。

※１　金融機関，税理士，公認会計士，弁護士など，国が「認定経営革新等支援機関」として認定した機関。

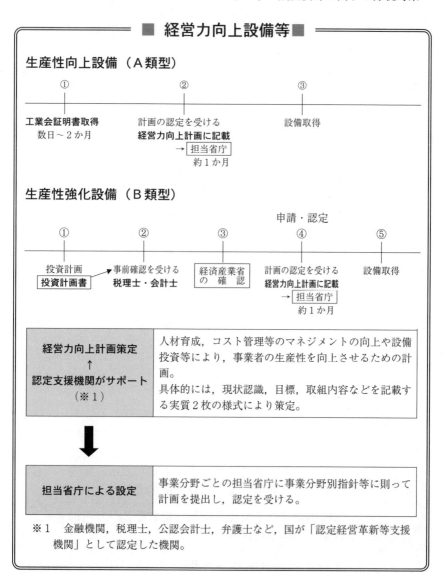

〈7〉「特別償却」と「税額控除」はどちらが有利か？

租税特別措置法では、一定の減価償却資産を取得したときは「特別償却」か「税額控除」のどちらかの特典を選択することができるとされています。

それでは、どちらの制度を選択するほうが有利でしょう。

まず、「特別償却」では初年度に特別に償却費を増加して計上できますので節税効果は大きくなり、投下資本を早期に回収し設備投資を促進することとなります。

ただし、次年度以後は普通償却のみとなり、さらに耐用年数以前に償却が終了する可能性があります。また、その年度が赤字の場合は一年間猶予が与えられますので次年度に繰り越せます。

次に、「税額控除」は初年度に一定額を法人税額そのものから控除することができ、減価償却費については通常の普通償却額を耐用年数を通して計上することができます。

ただし、赤字の場合は繰り越せないのでその年度で打切りになります。

そこで、「特別償却」と「税額控除」のどちらが有利かについては、一般的に次のことがいえます。

① 減価償却資産を取得した年度においては「特別償却」を選択したほうが有利

② 減価償却資産の耐用年数の全体で考えると「税額控除」のほうが有利

いずれを選択するにせよ、毎年の税制改正を注意深くチェックし、慎重に比較検討して適用する必要があります。

■「特別償却」と「税額控除」の比較■

減価償却資産……2,000万円の場合

特別償却

普通償却＋特別償却

特別償却費＝2,000万円×$\frac{30}{100}$＝600万円

節税額＝600万円×実効税率36％＝216万円

税額控除

節税額＝2,000万円×$\frac{7}{100}$＝140万円

※　減価償却は普通償却のみ

初年度においては特別償却が有利となるが，耐用年数全体でみると「特別償却」も「税額控除」も減価償却を通して2,000万円が費用となる点からは同じといえる。

ただし，「税額控除」は初年度において法人税額そのものが控除されるため、トータルではその分だけ有利といえる。

〈8〉「経営支援機関」を使って節税しよう

■特別償却か税額控除が使える■

平成二五年三月に終了した「中小企業金融円滑化法」の影響で、中小企業が経営で行き詰まる可能性がありますので、経済産業省および中小企業庁が中小企業支援対策として創設した制度が「経営革新等支援機関」の認定制度です。

この制度は、認定を受けた金融機関、税理士、公認会計士、弁護士等を「経営革新等支援機関」としてその支援機関に相談、コンサル、指導、助言等を受けると、融資援助、各種補助金、税制上の優遇を受けられるという、国が推奨するものなのです。

このうち、節税対策に使える制度の要件は、次のとおりです。

〈要　件〉

①　青色申告の中小企業（一定の個人も含む）

資本金　　一億円以下の法人

従業員　一、〇〇〇人以下

② 商工会議所、認定経営革新等支援機関等（税理士および税理士法人等を含みます）による法人の経営の改善およびこれに必要な設備投資等に係る指導および助言を受けていること

③ 取得価額要件

イ）建物付属設備　六〇万円以上

ロ）器具備品　三〇万円以上

平成二五年四月一日以降に取得するもののみに適用

④ 対象業種

中小企業等の営む商業、サービス業等の事業

※ ただし、風俗営業法の対象事業に該当する場合は、一定の場合を除いて税制措置の対象になりません。

⑤ 特別償却　三〇％

または

⑥ 税額控除　税額の七％

⑤か⑥のいずれか選択適用

〈9〉修繕費と資本的支出の有利な区分方法は？

テナントビルや賃貸マンション等の不動産を所有している法人は、修繕費の支出が毎期発生し、金額も高額になります。

そこで、修繕費を経費計上（修繕費）するか、資産計上（資本的支出）にして減価償却するかは節税対策上、大きな違いが出てくる重要なテーマです。

ここでは、いかにして合法的に経費計上をできるかみていきましょう。

税法上では、明らかに資産の価値を高めるものや耐用年数を伸ばすような修繕は資本的支出としています。これを「実質基準」といいます。

ただし、実務上は修繕費か資本的支出か明らかでない場合が多く見受けられます。そこで「形式基準」として、次のような場合には修繕費とすることが認められています。

① 二〇万円未満の少額の修繕費
② 三年以内を周期とする修繕費
③ 次のいずれかに該当する修繕費

■ 修繕費と資本的支出の判定 ■

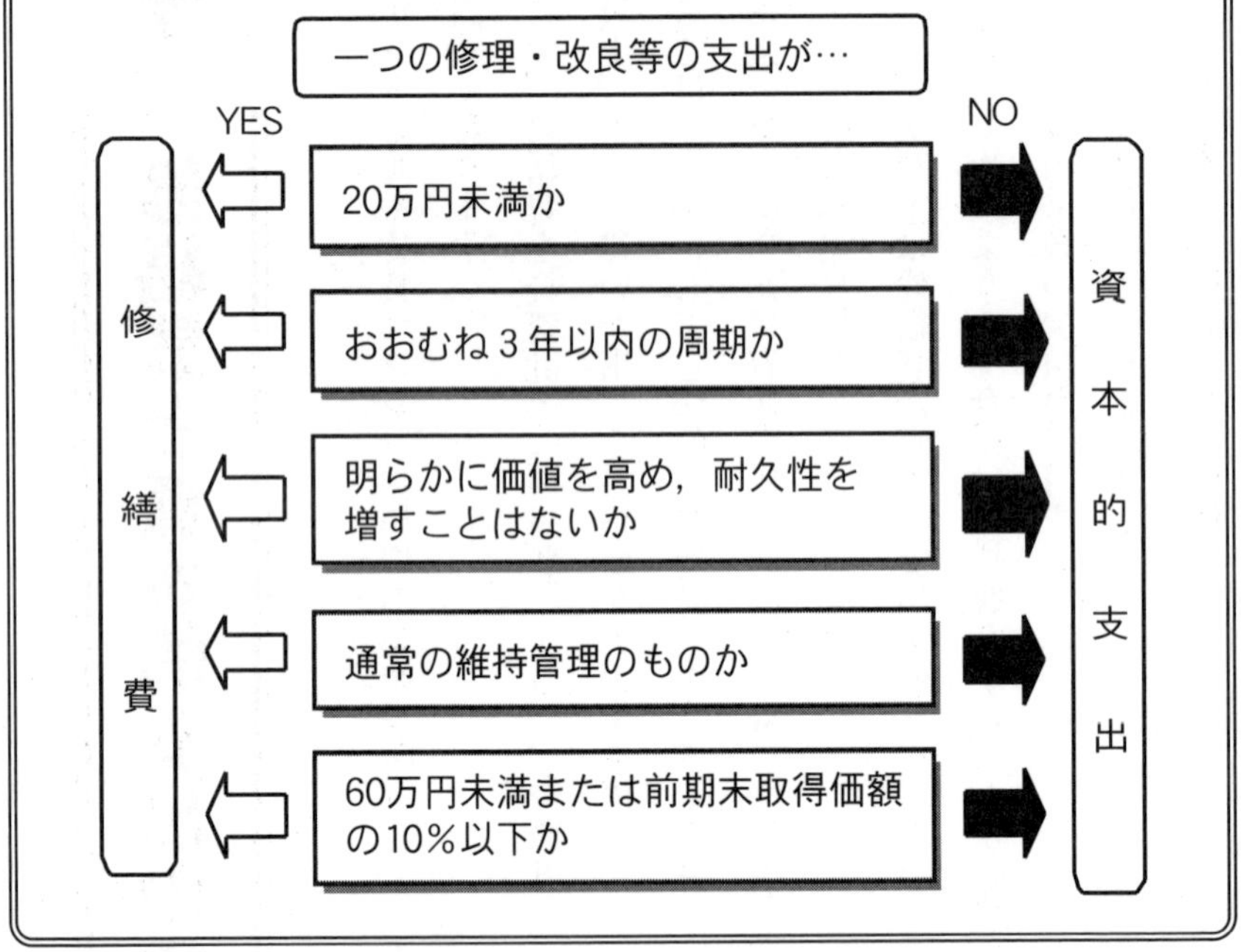

(1)　支出金額が六〇万円未満
(2)　支出金額が前期末取得価額の
一〇％以下
④　通常の維持管理か原状回復のもの

〈10〉使っていない資産は「有姿除却」をしよう

■有姿除却■

法人が所有する減価償却資産の除却、廃棄、滅失などにおいては、固定資産の除却等の時点の帳簿金額から、その処分見込額を差し引いた金額を損金に算入することになっています。

それでは、法人が所有する機械等の減価償却資産で、耐用年数を過ぎて現在使われずに倉庫に眠っているようなものは除却できないものでしょうか。

このような場合は、実際除却等をしていなくても、次の要件を満たした場合には除却損を計上することができます。

これを「有姿除却」といいます。

■ 使われていない減価償却資産の除却損額は？ ■

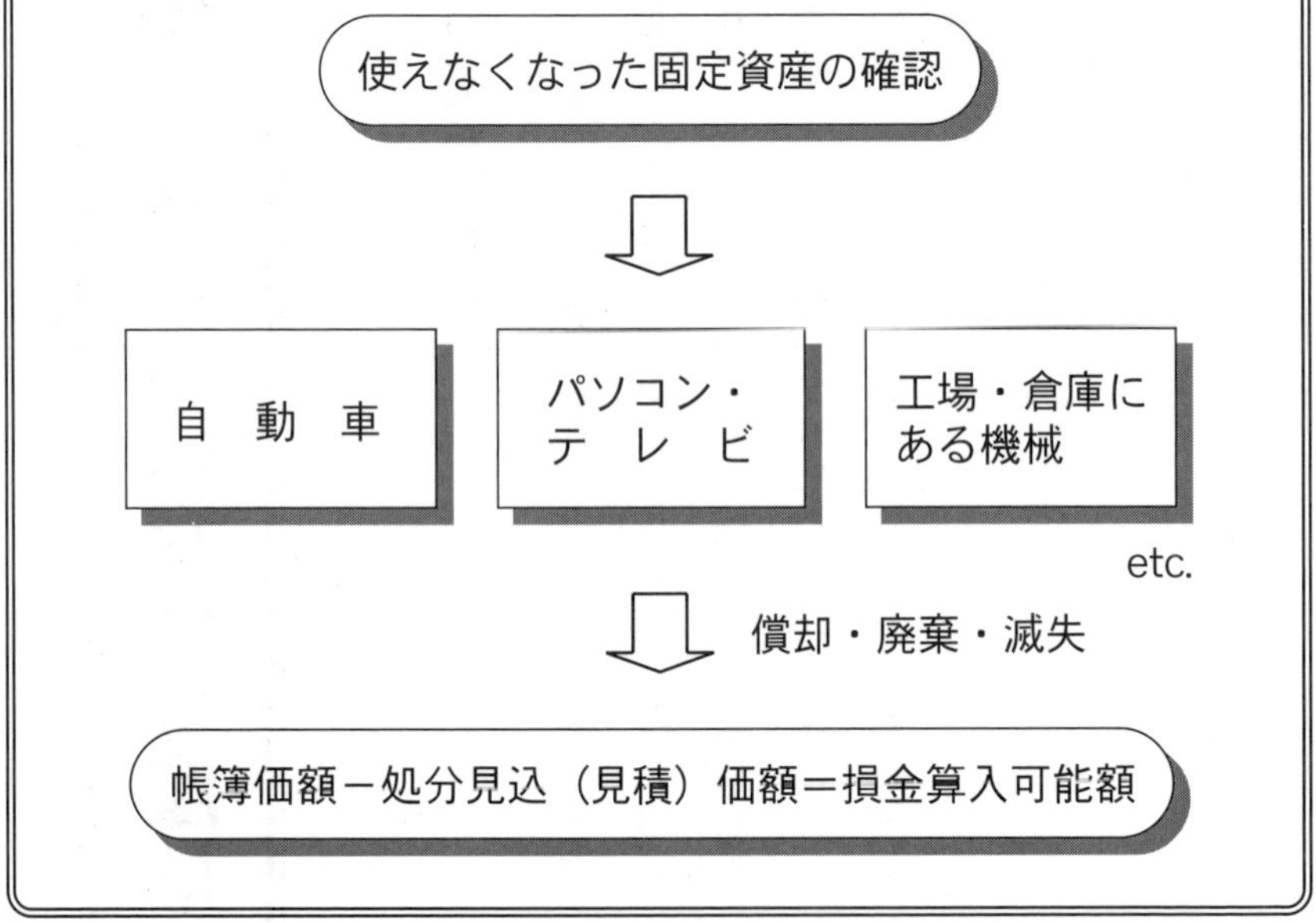

■要　件■

①　使用を廃止し、今後、通常の方法によって事業のために使う可能性がないと認められたもの

②　特定の製品だけに使われる金型等で、その製品の生産中止後に使用する可能性がほとんどないことが、その後の状況などから明らかであるもの

有姿除却の損金算入可能額は帳簿価額から処分見込価額を控除した金額です。

このように、決算時には在庫のみならず倉庫の中の資産のチェックをまめに行い、「有姿除却」をすると節税効果も上がり、投下資本の回収にもつながりますので是非積極的に行ってください。

第5章 「売上と在庫」に関する節税対策

〈1〉商品購入のときの費用はどこまで経費で落とせるか?
〈2〉分割払いの売上の計上時期で節税するには?
〈3〉売上の計上基準
〈4〉仕入のリベートの有利な計上方法は?
〈5〉棚卸資産のいちばん有利な評価方法は?

〈1〉商品購入のときの費用はどこまで経費で落とせるか？

売上から売上原価を差し引いて利益を決めますので、売上に対応する売上原価である商品の仕入れにかかる費用は、非常に重要な意味を持ちます。

まず、商品の仕入れにかかる費用は、その商品の購入価額とその購入に直接、または間接的に要した費用や、販売に供するために要した費用、いわゆる付随費用とに分けられます。その仕入れの総額を期末の棚卸しを行って、売上原価を最終的に決定させるのです。

ただし、付随費用の中で、商品の購入代価に比して少額であるもので、次にあげる費用は商品の仕入総額に含めなくて、全額経費として損金処理することができます。

① 商品を買い入れるときの検査、整理、選別、事務、手入れなどにかかった費用
② 商品を販売所から販売所などへ移管するためにかかった運賃・荷造費等の費用
③ 特別の時期に販売するため、長期にわたって保管するために要した費用

なお、この場合の「少額」という意味は、①～③の金額の合計が購入代価の三％以内であることをいいます。

〈2〉分割払いの売上の計上時期で節税するには？

売上は商品を引き渡した時点で収益計上するのが原則ですが、売上代金がすぐに回収されるとは限りません。

売掛金の形で、後払いの場合が非常に多く見受けられます。取引の中には長期の分割払いの場合もあります。

税法上はこのような長期売上代金未回収のケースでも、法人税、地方税はすぐに払わなければなりません。会社としては、入ってきていない売上に対して、税金だけ払っていては経営をやっていけません。

そこで税法では、次の一定の要件を満たせば売上代金の分割回収期日に応じて売上計上を認め、税金もそれに対応して分割払いを可能にしているのです。

また、収益を分割計上することにより、法人税、事業税等の軽減税率（一定金額以下の場合は税率が低くなる）を適用できるので、節税効果が受けられます。消費税においても代金回収前に、一時に全額納めなくて済みますので、資金的にも大きな効果があります。

収益の分割計上が認められる要件

①	月払い，年払い，その他分割払いの方法で，3回以上にわたって支払いが行われること
②	資産の引渡しやサービスの提供の日から，分割払いの最後の支払期日までの期間が2年以上あること
③	頭金が代金の支払総額の3分の2以下であること

〈3〉売上の計上基準

企業会計において、売上の計上時期は非常に重要な要素となります。

節税を考える上では、売上の計上をなるべく遅らせたほうが、納税時期を後にもってくることができ、その分だけ資金的に余裕が出ることとなります。

その売上の計上時期について、税法ではさまざまな方法を認めています。

これから、どのような基準があるかみていきましょう。

① 出荷基準…………工場等から商品を出荷した時点で収益計上

② 検収基準…………納品した商品を得意先が検査し、受け入れた時点で収益計上

③ 役務完了基準……サービス業等で、役務（サービス）を完了した時点で収益計上

ただし、これらの基準のうち採用した方法は、毎期継続して適用しなければなりません。また、その方法を変更するときは相当の理由がなければいけません。

《4》仕入のリベートの有利な計上方法は？

■ 仕入リベートの計上方法 ■

メーカーから商品を仕入れる場合、メーカーが指示した価格（建値）で仕入れて建値で販売しなければならない場合があります。

こういうケースでは、販売店への利益分として販売手数料を受け取る契約を結ぶことになります。この販売手数料は、実質的には建値維持のための仕入金額の戻し、いわゆる仕入割戻し（リベート）ということなのです。

この仕入割戻しは雑収入として営業外収益に計上する方法と、仕入金額から直接控除する方法とが認められています。

雑収入に計上すると、その商品が売れなくても課税対象になり、節税対策上、不利になります。また、消費税で簡易課税選択事業者の場合、課税売上高が加算されることになり、消費税においても不利になります。

このように、仕入割戻しは仕入金額から直接控除し、期末在庫があれば期末棚卸高に算入したほうが当期における売上原価が下がり、節税対策上、有利といえます。

「仕入割戻し」となる費用の処理

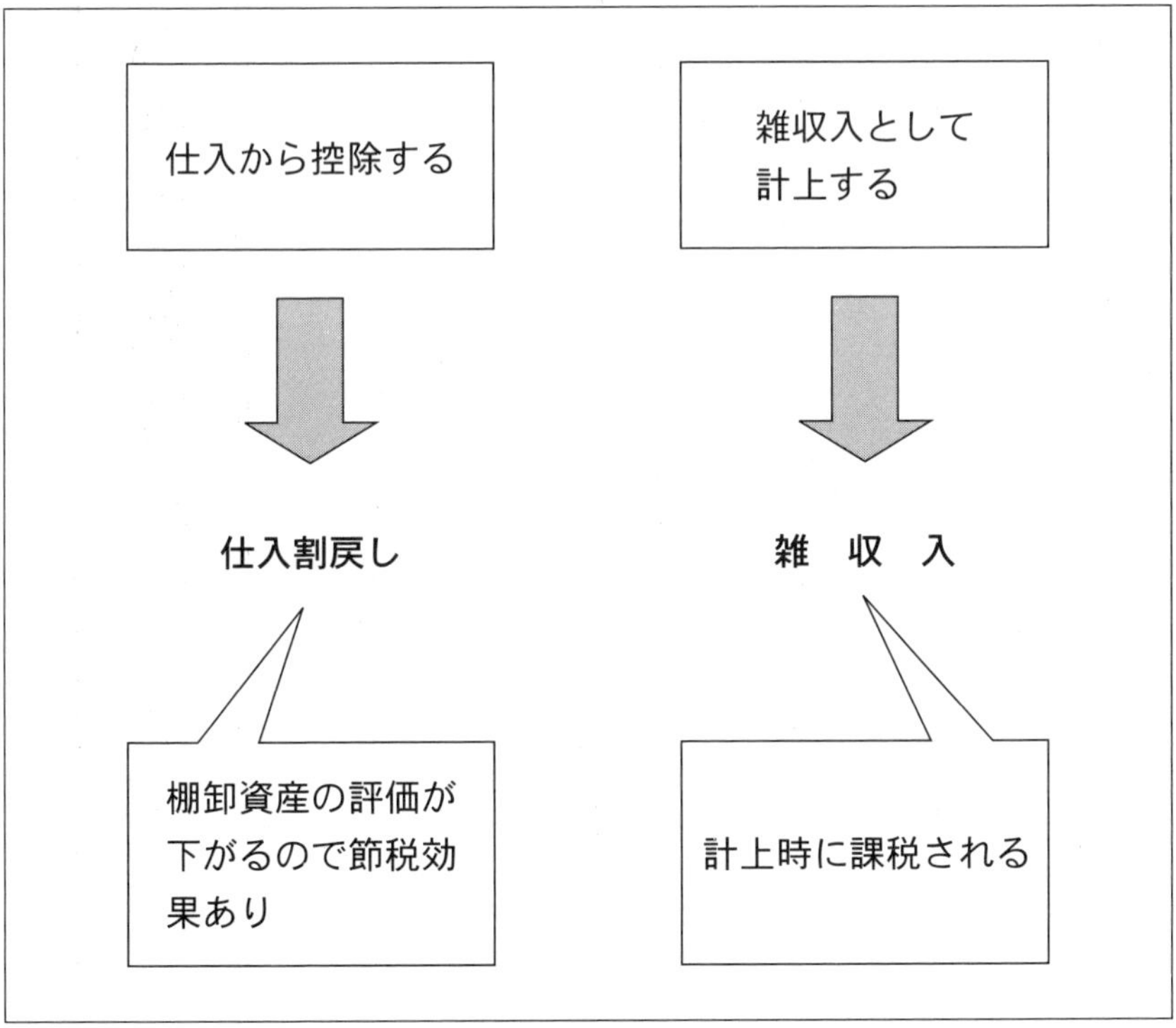

〈5〉棚卸資産のいちばん有利な評価方法は？

その事業年度の売上原価は、期首棚卸高に当期仕入高を加え期末棚卸高を控除して決まるので、期末の棚卸資産（商品、製品等）の評価方法によって当期利益が大きく左右されます。

その棚卸資産の評価方法には「原価法」と「低価法」があります。「原価法」には次の表のように六つの評価方法があり、採用しようとする事業年度の開始の日の前日までに税務署に届け出なければなりません（届け出がなければ「最終仕入原価法」で計算することになります）。

その選定する評価方法によって、税務上の有利不利が分かれます。

では、どのような方法が有利なのでしょう。

それは、価格が上昇傾向（インフレ）か、下降傾向（デフレ）かによって選定方法が違ってきます。デフレ時には「低価法」を選定すると有利になります。

「低価法」とは、期末在庫を「原価法」で求めた評価額と、期末における時価を比較して、低い金額を採用する方法です。

当然、デフレ時には期首よりも期末時価が低下しているので、低価法を採用したほうが期末在庫は低く評価され、当期売上原価が大きくなり有利となるのです。

この「低価法」の選定は、事前に税務署への届出が必要となります。

棚卸資産の評価方法（原価法）

①	個　別　法	棚卸資産全部について１個１個単価を評価していく
②	先入先出法	最も古く取得したものから順次払い出したものとして評価する
③	最終仕入原価法	最後に仕入れた単価をもとに評価する
④	総平均法	期首の棚卸残高と期中の仕入高の合計を数量で割って平均単価を求める
⑤	移動平均法	仕入れるたびにそれまでの残高と新たな仕入れ分との平均単価を求める
⑥	売価還元法	棚卸資産をグループに分けて期末における販売予定額を求め，それに原価率を掛けて期末の棚卸資産を評価する

第6章　子会社に関する節税対策

〈1〉子会社を使って軽減税率を二倍活用しよう
〈2〉会社の各部門を別会社にして節税しよう
〈3〉値下がりした資産は子会社に売却する
〈4〉子会社に従業員を転籍させて節税する方法
〈5〉親会社と子会社の決算期は最大六か月ずらす
〈6〉別会社を使って交際費限度額を二倍にする

〈1〉子会社を使って軽減税率を二倍活用しよう

法人税の税率は資本金が一億円超の法人の税率は一律二三・四％ですが、資本金一億円以下の法人の税率は所得金額が八〇〇万円超の部分については二三・四％、八〇〇万円以下の部分は一五％の軽減税率が適用されることになっています。

また、次の表をみてもわかるように、事業税の税率も年間所得金額四〇〇万円以下の部分は三・四％、四〇〇万円超八〇〇万円以下の部分は五・一％、八〇〇万円超の部分は六・七％と所得金額の区分によって軽減税率が適用されるのです。

法人住民税は一定税率ですが、法人税額に税率を乗じますので、法人税額に軽減税率が適用されれば結果的に法人住民税も軽減されることとなります。

このように、法人に対する法人税、法人事業税、法人住民税のすべてにおいて、所得が少ない部分の金額に対しては軽減税率が適用されます。

つまり、法人一社で法人税等の税率を計算するよりも、子会社を設立し、親会社と子会社というように会社を分割した方が軽減税率適用部分が二倍に増え、法人税等の軽減効果を二重に受けることが

■ 軽減税率の適用範囲は ■

❶ 法人税の税率

所得金額	資本金1億円以下の会社の税率	資本金1億円超の会社の税率
年所得800万円超の部分	23.4%	23.4%
年所得800万円以下の部分	15%	

❷ 事業税の税率

（資本金1億円以下かつ所得2,500万円以下）

所得金額	税率
年所得400万円以下の部分	3.4%
年所得400万円超800万円以下の部分	5.1%
年所得800万円超の部分	6.7%

❸ 地方法人特別税の税率

法人の種類	税率
外形標準課税法人以外の法人	43.2%
外形標準課税法人	414.2%

❹ 法人住民税の法人税割の税率

種類	標準税率	制限税率
道府県民税	3.2%	4.2%
市町村民税	12.9%	16.3%
合計	16.1%	20.5%

法人住民税の法人税割額＝法人税額×法人税割の税率

できることとなります。

是非活用したい節税対策といえるでしょう。

〈2〉会社の各部門を別会社にして節税しよう

子会社を使った節税対策の基本的方法としては、会社内の各部門を分けて別法人にするという方法があります。

各部門を分ける方法としては営業部門を分割する方法、つまり売上を別法人に分ける方法と、営業以外の総務人事等の管理部門を別法人に分社化する二つの方法があります。

■営業部門を分割する方法■

各営業部門をそれぞれ独立した別法人にしますと、消費税の一、〇〇〇万円免税点や五、〇〇〇万円の簡易課税方式の制限もクリアしやすくなります。

つまり、売上高が一億円の法人の場合は原則課税方式で消費税を計算しますが、売上高五、〇〇〇万円の法人二社に分割した場合には、一定の場合を除き、原則として簡易課税方式を適用できて節税効果を得られやすくなります。この場合、みなし仕入率が実際の仕入率を上回っていることが条件です。

■ 管理部門を分割する方法 ■

管理部門を分割する方法としては、総務や人事、教育、経理等の部門を別法人の子会社に移管して、親会社と管理委託契約を結ぶ方法です。

この場合、実際の費用に一定の利益を付加した場合には合法的に親会社の利益が子会社に移転することとなり、節税効果を得られます。

また、管理部門の人件費は消費税の計算上、課税仕入高にはなりませんので控除することはできませんが、別法人になりますと支払手数料となり、課税仕入高として売上から控除できることとなりますので、消費税の計算上非常に有利になります。

〈3〉値下がりした資産は子会社に売却する

現行の税法では、資産の帳簿価額はその資産を購入したときの価額にしなければならないという「取得原価主義」をとっています。

つまり、資産が値下がりして評価損を計上しても、その評価損は損金に計上することはできないのです。

法人の中には、バブル期の好況時に購入した土地やゴルフ会員権等の資産で、極端に値下がりした資産を所有しているケースをよくみかけます。

それらの資産の所有を継続し、しかも節税対策に活用したい場合には、それらの資産の子会社への売却をお勧めします。

この場合、親会社の方には売却損が計上でき、かつ所有権は子会社に移るだけで所有を続けることができるのです。

そのような資産を所有している法人は、是非検討してください。

棚卸資産についても、災害による著しい損傷や著しい陳腐化等の特別な場合を除き、評価損の計上は認められていません。

そこで、値下がりした棚卸資産を所有している法人は、販売子会社に対してその資産を売却して売却損を計上すればよいでしょう。

〈4〉子会社に従業員を転籍させて節税する方法

会社の従業員が他の会社の社員に転籍した場合には、退職金が支給され、その金額は損金に計上されます。

関係会社間であっても、親会社の従業員が子会社に転籍した場合には別人格の法人に移るわけですから、転籍した従業員に親会社が退職金を支出した場合は損金計上が認められるのです。

役員の場合も同様に親会社の役員を退任し、子会社の役員に就任した場合にも退職金を支給することができます。

なお、退職金の支給の方法には従業員に直接支払う方法と、転籍先の子会社に退職金相当額を支払う二つの方法があります。

どちらも転籍元である親会社の損金に計上されますが、子会社に退職金相当額を支払う方法は、その期だけ子会社の利益が膨らむことになりますので節税対策が必要になります。

また、親会社の創業者である社長が役員を退任し、非常勤の相談役等になった場合にも多額の役員退職金を支払うことができます。それを受けて自社株の株価も圧縮でき、相続税対策にも大きな節税効果を得ることができますが、退任後も代表権や経営権を持ち続けていると役員退職金の損金計上を否認されることもありますので注意が必要です。

〈5〉親会社と子会社の決算期は最大六か月ずらす

親会社と子会社の決算期を両方とも同じ月にしている企業をよくみかけます。

年に一回、同じ時期に決算を行ったほうが効率的と考えているのでしょうが、節税対策上はあまり望ましいとはいえません。

なぜならば、親会社に利益が上がっているときに業務委託等の方法で利益の一部を子会社に移転した場合、親会社の決算対策はよいのですが子会社の利益に計上され、子会社では対策もできずにすぐに納税ということになります。これでは親会社の節税の意味がなくなってしまいます。

そこで、子会社の決算期は親会社の決算期と数か月ずらすべきなのです。

では、何か月ずらせばよいのでしょうか。

いちばんよい方法は六か月ずらす方法でしょう。親会社の利益が子会社に移転し、子会社に利益が発生した場合、親会社を利用して節税対策をする場合があります。

そのような場合でも最大にずらすことができる六か月がベストといえます。

■ 親会社と子会社の決算期 ■

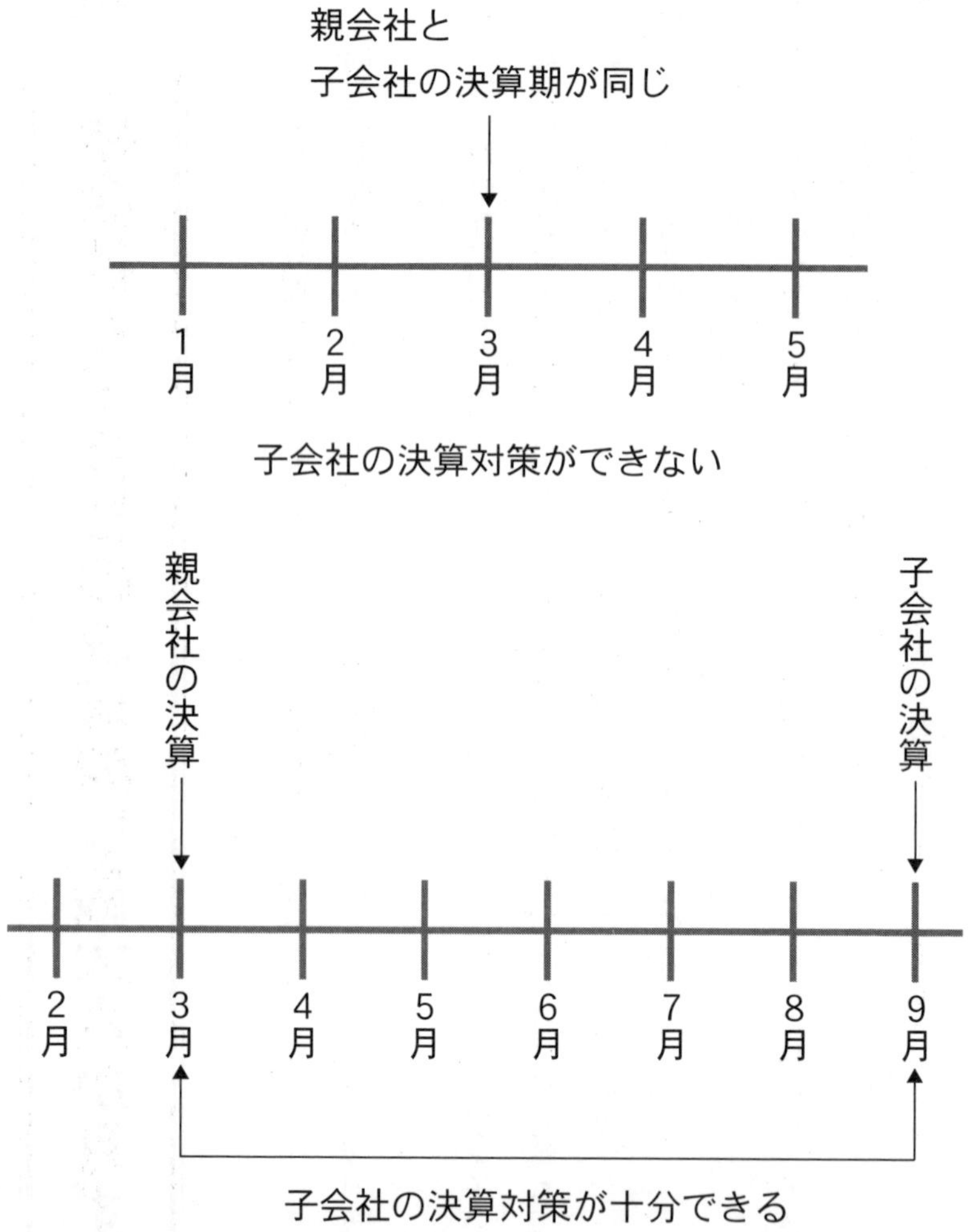

〈6〉別会社を使って交際費限度額を二倍にする

法人の支出した交際費には損金算入限度額が設けられていて、資本金一億円以下の法人は八〇〇万円まで損金算入が認められ、資本金一億円超の法人は全額損金不算入となっています。

つまり、交際費に関しては法人税は非常に厳しい制限があるのです。

交際費の基本的な節税対策としては、交際費の項目でも述べたような会議費や福利厚生費といった他の勘定科目として処理できるように支出の方法を工夫するということがまず考えられます。

ただし、この方法の効果も限度があります。

そこで、子会社を利用する方法を検討してみましょう。

交際費の損金算入限度額は各法人ごとに定められているので、資本金一億円以下の子会社を設立すると、自動的に交際費の損金算入限度額八〇〇万円が確保できます。親会社とあわせて一、六〇〇万円の交際費が損金算入できるのです。

接待交際費も重要な営業の手段ですので、一般の中小企業では損金算入限度額を二倍確保できるということは大きな恩典といえます。

ちなみに、資本金一億円超の法人を資本金一億円以下の法人二社に分割した場合には、交際費の損金算入額限度額はゼロから一挙に一、六〇〇万円に増加することとなります。

第7章 「消費税」に関する節税対策

〈1〉消費税の課税事業者とは？
〈2〉消費税を還付する方法とは？
〈3〉簡易課税方式を利用しよう
〈4〉七五％ルールを使おう
〈5〉消費税の経理は「税抜」方式が有利
〈6〉消費税増税に対抗する節税方法は？

〈1〉消費税の課税事業者とは？

■消費税増税で課税事業者か否かで有利、不利が分かれる■

消費税は、基準期間（原則前々期の課税期間）の課税売上高（課税対象の売上高）が一、〇〇〇万円を超えた場合に課税事業者になり、納税義務があります。このほかに、資本金が一、〇〇〇万円以上の法人は、売上高が一、〇〇〇万円を超えなくても設立一年目から消費税の課税事業者になります。また、前期の上半期（期首から六か月間、特定期間という）の課税売上高が一、〇〇〇万円を超えた場合にも、次の事業年度から課税事業者となるように、免税事業者の要件が厳しくなりました。この場合、課税事業高にかえて給与等支払額の合計額により、判定することもできます。

新規設立した法人で資本金一、〇〇〇万円未満の場合は、特定期間の要件をクリアすれば、設立から二期までは免税事業者となるので節税効果があります。今後、消費税が八％、一〇％と増税になる場合には、ますます効果が出てくるでしょう。

■ 課税事業者の判定と課税期間 ■

前々年度	前年度		本年度
	上半期	下半期	
基準期間	特定期間		課税期間

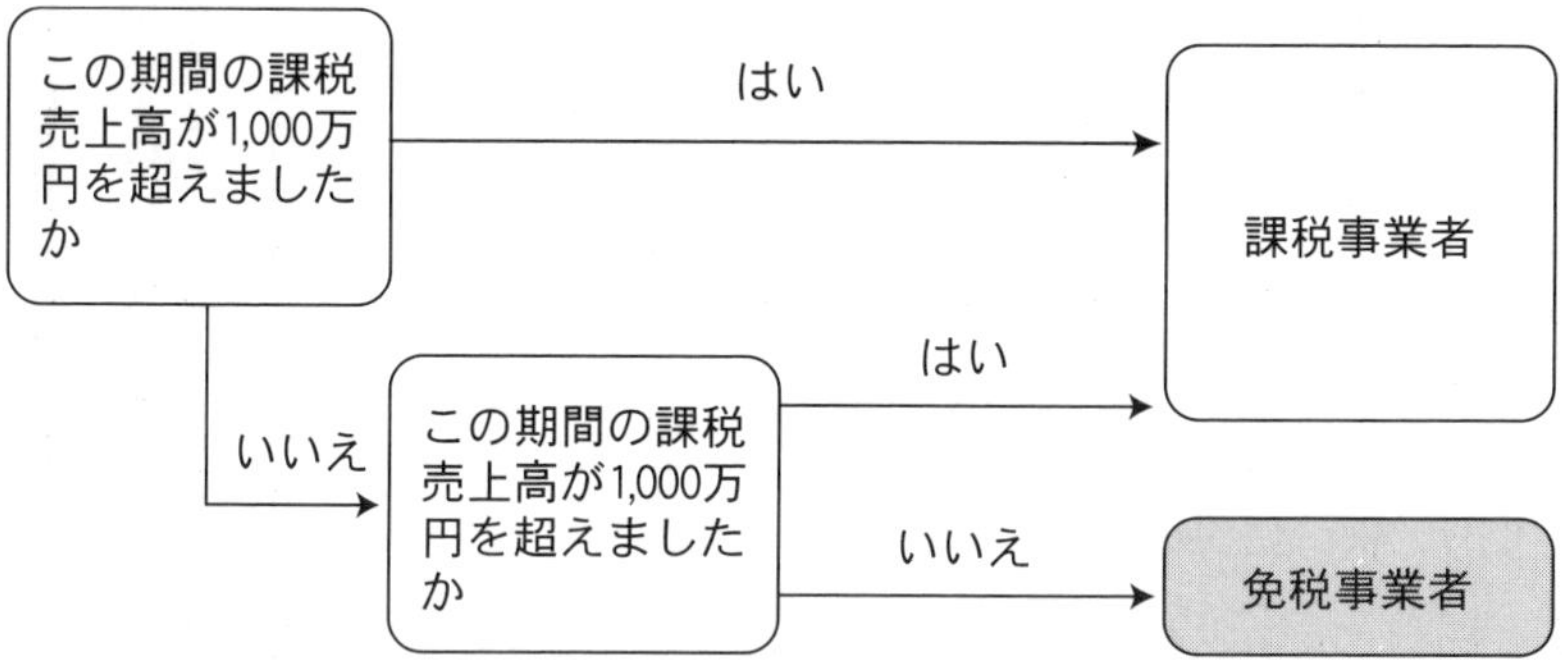

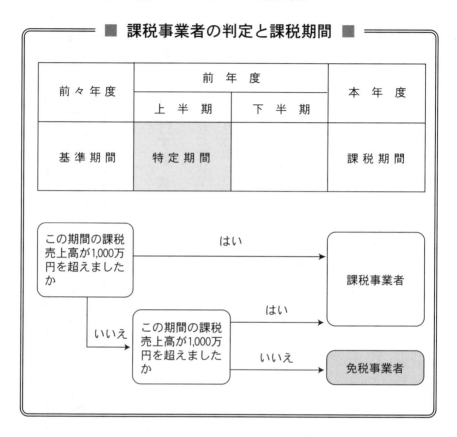

〈2〉消費税を還付する方法とは？

消費税が増税される現状で、重税感を覚えている事業者も多いと思います。そこで、もしも消費税を納付した金額が受け取った消費税よりも多い場合には、その税額をできれば還付を受けたいと思われている方も多いのではないでしょうか。

そこで、ここでは消費税の還付を受ける方法をみていきましょう。

■消費税を還付する■

消費税の課税事業者には、原則課税方式と簡易課税方式があり、それらに該当しない免税事業者があります。車やパソコンの購入、ビルの建築、オフィスの内装工事等で高額の支出があった場合には、多額の消費税を既に支払っていることになります。売上による受け取った消費税よりも、支払消費税が多い場合には、消費税還付のために簡易課税方式を選択している法人は「消費税簡易課税制度選択不適用届出書」を提出し、免税事業者の法人ならば、「消費税課税事業者選択届出書」を、ともに還付申告をする事業年度の前日までに税務署に提出することにより、原則課税方式を選択することになり、消費税の還付を受けることが可能になります。

■輸出業者が還付する方法■

輸出業者は輸出に対する消費税はかかりませんが、仕入、経費に対しては、消費税を支払っています。

その消費税を取り戻すために、課税売上が一、〇〇〇万円以下の免税事業者でも「消費税課税事業者選択届出書」を提出し、課税事業者となって還付を受けるべきです。

■輸　出　業　者■

◎　売上は消費税が免除される

◎　仕入や経費には消費税が課税される

⇩

免税事業者でも

「消費税課税事業者選択届出書」を提出して

還付を受けられる

〈3〉簡易課税方式を利用しよう

簡易課税制度

消費税は原則として、売上にかかる税額から仕入れや経費にかかる税額を差し引いて計算します。つまり、

課税売上高×八％－課税仕入高×八％＝納付税額

となります。

この方式を「原則課税方式」といいます。

そこで、仕入れのないサービス業や、経費のうちに人件費の占める率の高い法人の場合には、課税仕入高にかかる消費税額が少なくなり、納付する消費税額が多額になります。

こうした場合には、消費税のもう一つの計算方法である「簡易課税制度」を採用すると消費税の納付が有利になります。

「簡易課税制度」とは課税売上高に一定のみなし仕入率を乗じて、これを仕入れにかかる消費税額

として控除する制度のことです。

そのみなし仕入率はその法人の業種により下記の表のように決まっています。

たとえば、課税売上高にかかる消費税が一〇〇で、課税仕入高にかかる消費税が三〇であるサービス業の法人のケースをみてみましょう。

①　原則課税　一〇〇－三〇＝七〇

②　簡易課税　一〇〇－一〇〇×五〇％
＝五〇

このように、簡易課税方式が有利といえます。

一般的に簡易課税制度は節税効果もありますが、課税仕入高の記帳や計算が省略できるので事務効率化が図れますので、課税売上高が五、〇〇〇万円前後の法人は極力五、〇〇〇万円以下に抑えることをお勧めします。

また、二つの事業を行っている法人で課税売上高が五、〇〇〇万円超の場合でも、事業部門を

■ 給与所得控除額の計算 ■

区　分	業　種	みなし仕入率
第１種事業	卸売業	90%
第２種事業	小売業	80%
第３種事業	製造業等	70%
第４種事業	その他の事業	60%
第５種事業	サービス業等	50%
第６種事業	不動産業	40%

（注）　平成27年４月１日以降適用

分社化して、それぞれ五、〇〇〇万円以下の法人にすることができれば原則課税から簡易課税制度を適用できますので有利といえます。

ただし、業種や事業形態により課税仕入が多い場合等で、「原則課税方式」が有利な場合もありますので、シミュレーションをして「原則課税方式」か「簡易課税方式」かを選択してください。なお、いったん「簡易課税方式」を選択した場合は、二年間継続しなければなりません。

なお、「簡易課税方式」を選択する場合は、その適用したい事業年度の開始の日の前日までに税務署に「消費税簡易課税制度選択届出書」を提出しなければなりません。つまり、前期中にこの届出を出す必要があり、うっかり失念しやすいので、くれぐれも注意してください。

■ 簡易課税制度 ■

◎　年商5,000万円以下の法人に適用

◎　みなし仕入率の適用

⇩

原則課税方式より有利な場合が多い

〈4〉七五％ルールを使おう

■七五％ルールとは■

簡易課税制度のみなし仕入率は法人の業種によって決定されますが、二つ以上の事業を行っている場合にはそれぞれの業種ごとのみなし仕入率を適用することとなります。

ただし、二つの事業を行う法人で一つの事業の売上割合が七五％以上の場合には、その事業のみなし仕入率を全体のみなし仕入率として計算することを選択することもできます。

たとえば、卸売業と小売業を兼業している場合、原則的には卸売業は九〇％、小売業は八〇％のみなし仕入率が適用されますが、卸売業の課税売上高の割合が七五％を超えている場合には全体のみなし仕入率を卸売業の九〇％とすることができ、非常に有利といえます。

この「七五％ルール」の適用については、それぞれの事業の売上が明確に分かれていなければなりませんので記帳に注意が必要です。売上区分を明確に記帳していない場合には、いちばん低いみなし仕入率になりますので大変不利になるといえます。

《5》消費税は「税抜」方式が有利

■税抜方式と税込方式■

消費税の経理方法には、「税抜方式」と「税込方式」の二種類があります。選択は自由にできますが、そのメリットデメリットをみていきましょう。

「税抜方式」は、消費税を除いて売上、仕入、費用、資産などを計上する方式で、売上の場合は消費税について「仮受消費税」として別に計上し、仕入であれば「仮払消費税」を計上するのです。期末に「仮受消費税」の合計から「仮払消費税」の合計を控除した金額が、その法人のその事業年度の消費税の納付額となるのです。

ちなみに、「仮受消費税」、「仮払消費税」のことを、「通過勘定」といいます。

「税込方式」は、売上、仕入等も全て、消費税も含めて計算し、消費税の納付額は期末に計算し、「租税公課」として経費に計上します。

■メリット、デメリット■

「税抜方式」は、個々の取引をすべて消費税を除いて計算するので、処理が煩雑になります。ただし、交際費の八〇〇万円の限度額（中小企業のみ）や少額減価償却資産の三〇万円未満は損金計上できるといった税法上の限度額を計算するうえで、「税抜方式」は消費税を除いた本体価格のみで算定しますので有利です。

《設　例》

パソコン　　　313,200円（税込）を購入

＜税抜方式＞

帳簿計上額　　290,000円

仮払消費税　　　23,200円

※少額減価償却資産に該当

290,000円　損金計上

＜税抜方式＞

帳簿計上額　　313,200円

※資産計上　　　313,200円

減価償却費のみ損金計上

このように「税抜方式」は処理に手間はかかりますが，税法上のメリットが大きく，「税込方式」は処理は簡単ですが，節税対策上は不利といえます。

税法の適用要件

「税抜方式」が有利

《6》消費税増税に対抗する節税方法は？

■やはり子会社利用が一番■

平成二六年の四月に消費税が八％となり、平成三一年一〇月に一〇％に上がるといわれています。景気要件もあるので決定ではないのですが、今の国の財政状態から考えて、近い将来消費税が大幅に増税された場合の節税対策を考えてみましょう。

節税対策は、次のような種類があります。

①　給与を使った対策
②　生命保険を使った対策
③　資産（建物、車両、機械、パソコン）
④　経費（交際費、海外出張、社員旅行）
⑤　子会社活用

このうち、①の「給与」と②の「生命保険」はもともと消費税から引けませんので、問題になりません。③の「資産」も購入予定のものであればよいのですが、消費税対策のために高額な資産購入をするというのは、資金繰りの面からも本末転倒といえます。④の「経費」も同様の理由で、節税のためにキャッシュアウトする方法は、望ましくないでしょう。

そこで⑤の「子会社活用」は、今までみてきたように実体のある記帳代行、コンサルタント、資産レンタル等の業務を行えば、消費税の課税仕入れで控除できて、キャッシュもグループ外に出ていきません。

短期前払費用の特例（４２頁）も活用すれば、大きな効果を得られるでしょう。

PART3 社長個人の節税対策のいろいろ

〈1〉「扶養控除」の効果的利用方法とは？
〈2〉医療費控除を最大限に利用しよう
〈3〉セルフメディケーション（自主服薬）推進のためのスイッチＯＴＣ薬控除（医療費控除の特例）の創設
〈4〉個人の寄付金控除を利用しよう
〈5〉住宅ローン控除を利用しよう
〈6〉中古ワンルームマンションを利用するメリットは？
〈7〉夫婦共有で自宅を購入するメリットは？
〈8〉離婚の場合のかしこい財産分与の方法とは？
〈9〉保証債務を返済した場合の特例とは？

《1》「扶養控除」の効果的利用方法とは？

■扶養控除を活用しよう■

一般的な所得控除として考えられるのが「扶養控除」です。

「扶養控除」というと、思い浮かぶのは子供や両親等の肉親です。

では、妻（奥さん）の両親は扶養親族になるのでしょうか。

実務上、奥さんの両親を扶養親族にしていないケースが多く見受けられます。

ここで「扶養親族」の定義を見ていきましょう。

扶養親族とは「同一生計」の配偶者以外の親族で、その年分の所得が三八万円以下の人をいいます。

同一生計とは必ずしも同居の必要はありません。単身赴任で生活費を送金していたり、学生の子供や別居の両親に仕送りしている場合も同一生計といえます。

親族の範囲は民法上の六親等内の血族および三親等内の姻族をいいますので、妻の曾祖父母（ひいおじい（おばあ）さん）や従兄弟も含み非常に広範囲といえます。

したがって、妻の両親のみならず、ある程度の範囲の親族で同一生計の場合は扶養親族になるといえます。

では、過去に扶養親族にできたのに、していなかった場合はどうすればよいのでしょうか。

こういう場合、年末調整に関しては過去五年間分の確定申告をして税金の還付を受けることができます。また、確定申告をしている人は一年以内であれば修正申告をして取り戻すことができます。

家族の中で所得のある人が複数いる場合には、要件を満たせば扶養控除を誰に適用することも可能です。

したがって、扶養親族になれる人がいれば、家族でいちばん所得の多い人に扶養控除を適用する方が節税効果は大きくなります。

〈2〉医療費控除を最大限に利用しよう

■医療費控除とは■

所得税の確定申告で還付を受ける代表的な所得控除は「医療費控除」といえます。

しかし、「医療費控除」をよく理解していなくて最大限に活用していないケースがよく見受けられます。

「医療費控除」とは、次のように、一年間の医療費の合計額が一〇万円※を超えるとその超えた部分の金額を所得税の計算上、所得金額から控除してくれるという所得控除の一つです。

※ ① 一〇万円
② 総所得金額等の合計×五％ } いずれか少ない金額

さて、「医療費控除」というとすぐに医療費が一〇万円以上にならないからダメだとあきらめてしまう人がいます。医療費は本人だけではなく、同一生計の親族であれば家族全員分も含まれます。

つまり、家族全員の医療費を支払っている人の「医療費控除」として控除することができるので、その医療費の合計額が一〇万円を超えていれば「医療費控除」が適用できます。

また、同一生計とは「扶養控除」でもみてきましたが、同居だけでなく別居でも生活費を送金している両親や仕送りをしている子供も含まれますので、その人たちの医療費も対象となります。

このように、家族全員の医療費の合計を一人の所得から控除できますので、扶養控除と同じように当然、いちばん所得の多い人から控除する方が節税効果があります。

次に「医療費」の範囲についてみていきましょう。

医療費というと、病院の治療費と調剤薬局の薬代等の保険適用の医療費だけと思われていますが、次の表のように実は非常に広範囲で保険適用外でもマッサージ、はり、灸等も医療費控除の対象となります。また、薬局で治療のために買った医薬品も対象となりますので、こまめに家族全員で領収証を集めるようにしましょう。

領収証のない交通費は、明細を記載すれば控除できます。

このように家族で集めていくことを習慣にしますと、年間で二〇万円以上になるケースも多くみられます。

仮に、二五万円の医療費で税率二〇％の所得から控除した場合には、

（二五万円－一〇万円）×二〇％＝三万円

で、三万円還付されることになります。

是非、「医療費控除」を活用しましょう。

■ 医療費控除の概要 ■

入院をしたり病気，ケガ，出産等で医療費がかかった場合，確定申告でいちばん身近に還付手続きをできるのが医療費控除です。控除できる金額は，次のとおりです。

医療費の控除額 ＝（医療費の額 － 保険金・損害賠償金などで補填されている金額）－（総所得金額等の合計 × $\frac{5}{100}$）

（ただし10万円を超える場合は10万円）

■ 医療費控除でいう医療費 ■

① 医師または歯科医師による診療費または治療費

② 治療または療養に必要な医薬品の購入費用

③ 病院，診療所または助産所へ収容されるための費用

④ あんま，マッサージ指圧師，はり師，灸師，または柔道整復師による治療を受けるための施術費

⑤ 保健師，看護師または准看護師による療養上の世話を受けるための費用

⑥ 助産師による分娩の介助料

⑦ 診療，治療，施術または分娩の介助を受けるために直接必要な費用

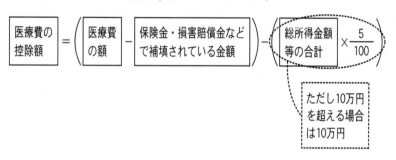

■ 間違いやすい医療費 ■

❶　医療費に該当するもの

①　子供の発育段階にある歯並びの矯正

②　通院のための交通費

③　病院の付添婦の付添料

④　医師が治療のため認定施設で温泉療養させた場合の費用

❷　医療費に該当しないもの

①　美容のための歯並びをよくする矯正

②　医師や看護師への謝礼金

③　マイカーで通院した場合のガソリン代

④　近視のため視力回復センターへの支払代金

⑤　カイロプラクティック師による施術代

⑥　ほくろの除去費用

⑦　医師の診断書作成料

⑧　人間ドック費用（原則として）

〈3〉

セルフメディケーション（自主服薬）推進のためのスイッチＯＴＣ薬控除（医療費控除の特例）の創設

■趣　旨■

適切な健康管理の下で、医療用医薬品からスイッチＯＴＣ医薬品への代替を進める観点から、一定の所得控除（医療費控除）を認める制度である。

■改正内容■

医療費控除の控除額計算上の特例措置を導入

対　象　者	健康の維持増進及び疾病の予防への取組みとして「一定の取組」（※１）を行う個人
適用コース	(a)　平成29年１月１日から平成33年12月31日までの間に，自己又は自己と生計を一にする配偶者その他の親族に係る「一定のスイッチＯＴＣ医薬品」（※２）の購入の対価を支払った場合において
	(b)　その年中に支払ったその対価の額（保険金，損害賠償金その他これらに類するものにより補填される部分の金額を除く）の合計額が１万２千円を超えるとき
控　除　額	１万２千円を超える部分の金額（その金額が８万８千円を超える場合には，８万８千円）について，その年分の総所得金額等から控除（※３）

この特例の適用を受ける場合には、現行の医療費控除の適用を受けることができない。

（※1）「一定の取組」

次の検診等又は予防接種（医師の関与があるものに限る）

① 特定健康診査
② 予防接種
③ 定期健康診断
④ 健康診査
⑤ がん検診

（※2）「一定のスイッチOTC医薬品」

（→Over The Counter：カウンター越しに販売）

要指導医薬品及び一般用医薬品のうち、医療用から転用された医薬品（類似の医療用医薬品が医療保険給付の対象外のものを除く）

（例）かぜ薬、胃腸薬、鼻炎用内服液、水虫・たむし用薬、肩こり等の貼付薬 ⇓ 具体的な対象医薬品の範囲等は、税制改正法案成立後、関係者と協力して周知

（※3）下記のイメージを参照。

本特例措置を利用するときのイメージ

○課税所得400万円の者が，対象医療品を年間20,000円購入した場合
（生計を一にする配偶者その他の親族分を含む）

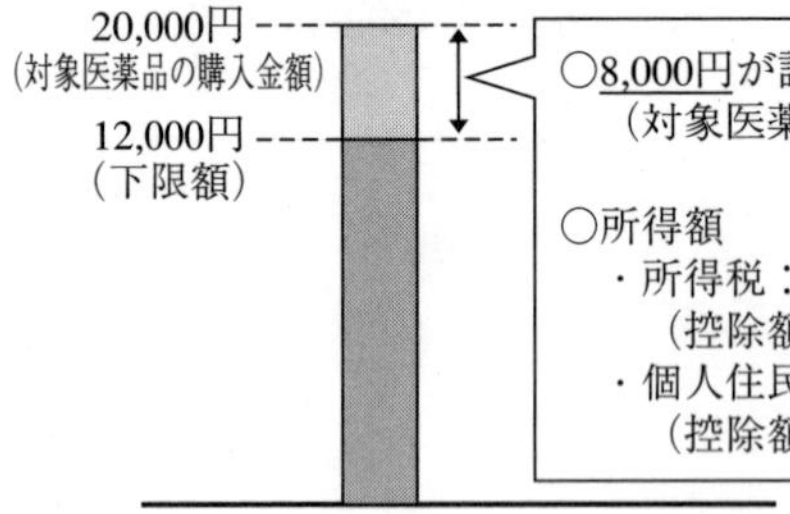

○8,000円が課税所得から控除される。
（対象医薬品の購入金額：2,000円
－下限額：12,000円＝8,000円）

○所得額
・所得税：1,600円の減税効果
（控除額：8,000円×所得税率：20％＝1,600円）
・個人住民税：800円の減税効果
（控除額：8,000円×個人住民税率：10％＝800円）

〈4〉個人の寄付金控除を利用しよう

会社が支出する寄付金については、公共性の高い特定寄付金や指定寄付金を除き、一般に対する寄付金の損金算入限度額はそれほど多くありません。

また、社長の出身大学等への寄付金は、会社で寄付を行っても社長個人の寄付金とみなされ、役員賞与と認定されかねません。

この場合は、社長個人が寄付をして所得税の寄付金控除を受けることをお勧めします。

所得税の寄付金控除の金額は、下記の算式によります。

つまり、個人の寄付金控除は一万円以上が前提となるのです。

また、政治活動に関する寄付金は、法人税では特定寄付金に認められていませんが所得税では寄付金控除の対象になっていますので、特定の政党政治団体を支持される方は個人で寄付をするほうが税制的にも有利といえます。

政治資金は企業でなく個人から、というのが基本といえます。

■計算式■

〔寄付した金額または総所得金額の40%のいずれか少ない方〕－2,000万円＝控除額

■ 寄付金控除の対象となる特定寄付金は？ ■

① 国や地方公共団体に対する寄付金
② 公益法人等に対する寄付金で財務大臣が指定したもの
③ 日本赤十字社など特定の公益法人に対する寄付金
④ 民法の規定によって設立された法人のうち一定のものに対する寄付金
⑤ 学校法人や社会福祉法人に対する寄付金
⑥ 公益の増進に著しく寄与する特定公益信託の信託財産とするための寄付金
⑦ 政治活動に関する寄付金で一定のもの

■ 寄付金控除額の計算方法 ■

（寄付した金額または総所得金額の40％のいずれか少ない方）－2,000円＝控除額

寄付金は，会社に負担させて役員賞与とみなされるより，個人的寄付として寄付金控除を受けたほうがよい。

なお、寄付金控除を受ける場合には、寄付を証明する書類を確定申告書に添付して税務署に提出しなければなりません。

〈5〉住宅ローン控除を利用しよう

個人で行う節税対策で一番オーソドックスなのは、自宅をローンで購入し、所得税の税額控除を受ける方法です。この方法は国民住宅取得を促進し、住宅関連業界の業容拡大、ひいては景気対策にもなるという、政策的に国が推し進めている減税制度ですから、なるべく利用すべきだと思います。

この制度は毎年その内容に変更があり、住宅を取得した年で有利不利がありますので、注意が必要です。その適用要件をみていきましょう。

■要　　　件■

①	国内で一定の居住用家屋の取得（取得の前後を通じ生計を一にする親族等からの敷地や中古住宅の取得を除きます）または増改築を行ったこと
②	①の居住用家屋の取得または増改築等に要した一定の借入金または債務（その居住用家屋とともに取得をするその家屋の敷地である土地等の取得に係る借入金等を含みます）の年末残高を有すること
③	①の居住用家屋の取得または増改築等をした日から6か月以内に居住の用に供し，原則として控除適用年の12月31日に居住していること
④	控除を受けようとする年分の合計所得金額が3,000万円以下であること
⑤	居住用財産に係る譲渡所得の特例を受けていないこと

■住宅ローン減税制度■

平成二六年四月一日から消費税の増税（五％⇩八％）されることで、その緩和策として住宅ローン減税制度の減税額が倍になりました。

明細は、下記のとおりです。

居 住 年	控除期間	住宅借入金等の年末残高	適用年・控除率	最 大控除額
平成25年1月1日～平成25年12月31日	10年間	2,000万円以下の部分	1年目から10年目まで 1％	200万円
平成26年1月1日～平成33年12月31日	同上	4,000万円以下の部分	同 上	400万円

＊ 経過措置の特例あり。

〈6〉中古ワンルームマンションを利用するメリットは？

個人で中古ワンルームマンションを購入すると、いろいろなメリットがあります。
では、具体的にみていきましょう。

■節税効果■

中古ワンルームマンションは、土地建物本体、建物附属設備に分けて、資産計上します。この場合、建物附属設備は定率法（最初に多く償却できる方法）を使え、耐用年数は中古なので短く設定できて、減価償却費を多く計上することにより、節税効果を早めに得ることができます。

数年後は黒字転換しますが、資産購入時は早期の資金回収を図ったほうがよいでしょう。

■年金効果■

個人で購入する場合、頭金と住宅ローンで購入することが多いと思いますが、そのローンの支払いは、ワンルームマンションを賃貸している家賃が得られるので、その家賃を充当します。

働き盛りの時は家賃でローンを返済していますが、年金を貰う頃にはローンもほぼ完済しているでしょう。ということは、毎月一戸六〜七万円の家賃で三戸持っていれば二〇万円前後の収入が年金代わりに入ってくることになるのです。まさに「年金効果」です。

年金制度は崩壊しかけていますから、自己防衛としてはよい方法でしょう。

■保険効果■

ワンルームマンション購入時の住宅ローンには、ほとんど「団体信用生命保険」という生命保険がセットされています。つまり、まさかの時には生命保険金で住宅ローンを完済してくれて、遺族には家賃が入るワンルームマンションが残るという制度です。

ということは、ワンルームマンション購入で住宅ローンを組めば、生命保険に入ったのと同じ効果が得られるのです。

最近、若い方の中には一般の生命保険の保険料の支払いの負担を減らすために、一般の生命保険めてワンルームマンションの住宅ローンについている「団体信用生命保険」だけという人もでてきています。まさに「保険効果」といえます。

■リスクポイント■

中古ワンルームマンション購入のリスクは二つあります。(一)空室と(二)地震です。

空室の対策は、必ず立地がよい物件を購入することです。ターミナル駅近くのワンルームマンションは人気が高く、空室リスクは避けられます。

もう一つのリスクは地震です。地震はいつ来てもおかしくない状況なので、耐震構造のしっかりしたマンションを購入すべきです。また、複数のマンションを地域を変えて購入するのも、リスクヘッジになるでしょう。

〈7〉夫婦共有で自宅を購入するメリットは？

■購入時のメリット■

御主人が社長で奥さんが役員、というように夫婦で会社を経営してそれぞれ役員報酬を受けているケースはよく見受けられます。このような場合、社長夫婦個人としてできる個人所得税の節税対策としていちばん身近な方法と考えられているのが自宅の購入です。

では、自宅の購入をする場合の名義はどのようにすればよいでしょう。この場合、自宅の名義は夫婦共有名義にするのが有利です。なぜなら、夫婦でローンをそれぞれ組んだ場合は住宅ローン控除が二倍に使えることになり、次のように一〇年間で最大四〇〇万円の税金が節税できます。

〈平成二九年入居分〉

一年間最大　　四〇万円×二＝八〇万円

一〇年間最大　八〇万円×一〇＝八〇〇万円

夫婦共有で自宅を購入された場合、問題になるのが共有持分の割合です。

共有持分割合は夫婦が出した頭金の額とローンの金額のそれぞれの合計金額の割合で登記すべきです。

それぞれが出した金額と違う割合で登記した場合には、割合が少ないほうから多い方への贈与とみなされ、多額の贈与税がかかる場合がありますので注意が必要です。

■売却時のメリット■

❶ 居住用財産の三、〇〇〇万円控除

自宅を売却した場合、譲渡益から三、〇〇〇万円を控除する「居住用財産の三、〇〇〇万円控除」が適用できます。共有名義で購入した場合にはその自宅を売却するときも「居住用財産の三、〇〇〇万円控除」がダブルで適用でき、最大六、〇〇〇万円の控除をすることができます。

❷ 要　件

① 現に居住している土地と家屋を譲渡する
② 土地と家屋を居住の用に供さなくなってから三年経った年の年末までに譲渡する
③ 譲渡先が親族でないこと

《設　例》

＜夫単独名義の場合＞

購入価格　5,000万円
売却時簿価　3,000万円
売却価格　1億円

譲渡所得

1億円－3,000万円＝7,000万円
7,000万円－3,000万円＝4,000万円
（特別控除）

税　　額

4,000万円×20％＝800万円……①

＜夫婦共有名義の場合＞

購入価格	5,000万円	夫	3,000万円
		妻	2,000万円
売却時簿価	3,000万円	夫	1,800万円
		妻	1,200万円
売却価格	1億円	夫	6,000万円
		妻	4,000万円

譲渡所得

＜夫＞　6,000万円－1,800万円＝4,200万円
　　　　4,200万円－3,000万円＝1,200万円
＜妻＞　4,000万円－1,200万円＝2,800万円
　　　　2,800万円－2,800万円＝0円

税　　額（夫のみ）

1,200万円×20％＝240万円……②

《節税効果》

①－②＝560万円

このように夫婦共有名義にすることで売却時に560万円の節税効果が得られます。

〈8〉

離婚の場合のかしこい財産分与の方法とは？

芸能人の離婚で財産分与や慰謝料の支払いがよく話題にのぼりますが、社長の離婚についても同じような支払いがある場合には税金問題がからんできますので注意が必要です。

財産分与は婚姻中に夫婦が協力して蓄積した財産の精算の意味があり、民法の財産分与請求権に基づいています。

税務上は、離婚による財産分与や慰謝料を受け取った場合は、基本的には非課税となります。ただし、社会通念上、過大に分与された場合や贈与税、相続税を逃れる目的の場合は受け取ったほうに贈与税が課税されます。

しかし、財産分与をするほうは事情が断然変わってきます。

財産分与を現金や国債等の金融資産で行う場合は非課税なのですが、不動産で分与する場合は「財産分与義務の消滅」という経済的利益を対価として、時価で譲渡したとみなされて所得税が課税されてしまいます。

つまり、分与するほうは財産がなくなって多額の所得税だけ払うという悲惨なことになりますので注意が必要です。

このような場合は、自宅を分与して居住用の三、〇〇〇万円控除を使い、税額を軽減する方法をお勧めします。

ただし、「居住用の三、〇〇〇万円控除」の制度は譲渡対象者が親族の場合は適用されませんので、離婚前に配偶者に分与（譲渡）すると三、〇〇〇万円控除できません。

そこで、居住用の三、〇〇〇万円控除を適用するときは、必ず離婚後に自宅を財産分与する必要があります。

〈9〉保証債務を返済した場合の特例とは？

会社の借金の保証人に、その会社の社長個人がなるというのはよくあるケースです。

また、社長の個人的付き合いで親族、友人等の借金の保証人になることもあります。

そこで、不幸にもそれらの借入金が返済不能になった場合には、社長は保証人としてその債務を返済しなければなりません。

このような場合に、社長は個人資産を売却してでもその債務を返済します。

またそれと同時に、社長は借主に対して、その肩代わりした金額を請求する権利が発生します。これを保証債務の履行による求償権といいます。

ただしこの求償権も、借主が返済不能に陥っているわけですから当然行使できません。

このようなケースで、社長が保証債務を払うために個人資産を売却して、さらにその譲渡益の所得税が課せられたのではダブルの災難になります。

そこで、所得税の特例として、その求償権を次の理由で行使できない場合には、その行使できなくなった求償権の金額の範囲内では、譲渡益に係る所得税を課さないという制度があるのです。

■求償権行使不能の判断基準■

債務者本人に次のような事実がある場合

①　法律による更生、特別清算、整理、和議の決定があったとき

②　債権者集会の協議等で債権が切り捨てられたとき

③　債務者の債務超過の状態が相当期間続き、求償権の行使ができず、書面により債権放棄した場合

■譲渡がなかったとみなされる金額■

求償権が行使不能になった場合は、次の①～③のうち最も低い金額が譲渡所得の計算上、譲渡がなかったものとみなします。

①　求償権（借主にそのお金を請求する権利）の行使不能額

②　保証債務を履行するための譲渡があった年分の各種所得の金額の合計額

③　その譲渡所得の金額

このように万が一、保証債務の肩代わりが生じた場合には、この特例制度を活用することによって被害を最小限にくい止めることができるのです。覚えておいてよい制度です。

保証債務を返済するために資産を譲渡した場合に譲渡所得から差し引かれる額は？

次の①～③のうち，最も少ない額

①	求償権（借主にそのお金を請求する権利）の行使不能額
②	保証債務を履行するための譲渡があった年分の各種所得の合計額
③	その譲渡所得の金額

譲渡所得金額より求償権が行使できなくなった金額の範囲内で，譲渡に係る所得税はかからない。

巻末資料

法人税（国税）

■税　率■

年所得 / 法人等の区分			800万円以下の部分	800万円超の部分
普通法人	資本金額	1億円超	23.2%	
		1億円以下	19%	23.2%
人格のない社団等			19%	23.2%
協同組合等			19%＊	
公益法人等			19%	
特定の医療法人			19%	

（注）　この表は平成30年4月1日以後開始する事業年度から適用されます

＊　一定規模以上の協同組合の一定額を超える部分については22%です。

■地方法人税■

課税標準法人税額×4.4%

法人の住民税（東京都）

（平成26年10月 1 日以後に開始する事業年度）

法人税割	資本金 1 億円以下で、法人税額が 2,000万円以下	法人税×12.9%
	上記以外	法人税×16.3%

資本金等の額			従業者数	都民税
均等割額	公共法人，公益法人等、人格のない社団等			7万円
	上記以外の法人	1 千万円以下	50人以下	7万円
			50人超	14万円
		1 千万円超　～　1 億円以下	50人以下	18万円
			50人超	20万円
		1 億円超過　～　10億円以下	50人以下	29万円
			50人超	53万円
		10億円超過　～　50億円以下	50人以下	95万円
			50人超	229万円
		50億円超過　～	50人以下	121万円
			50人超	380万円

法人の事業税

■ 税 率 表 ■

（平成28年４月１日から平成31年９月30日までに開始する事業年度）

課税標準	法人の種類	所得等の区分	税率（%）	
			標準	超過
所　得	普通法人，公益法人等，人格のない社団	年400万円以下の所得	3.4	3.65
		年400万円を超え年800万円以下の所得	5.1	5.465
		年800万円を超える所得	6.7	7.18
		軽減税率不適用法人	6.7	7.18
	特別法人（協同組合等，医療法人）	年400万円以下の所得	3.4	3.65
		年400万円を超える所得	4.6	4.93
		軽減税率不適用法人	4.6	4.93
収　入	電気・ガス供給業，保険業	収入割	0.9	0.965

（注）　上記の所得区分は事業年度が１年の場合で，１年未満のものは月割計算します。

■ 地方法人特別税 ■

（平成28年４月１日から平成31年９月30日までに開始する事業年度）

課税標準	法人の種類	税率（%）
基本法人所得割額	外形標準課税法人以外の法人	43.2
	外形標準課税法人	414.2
基準法人収入割額		43.2

個人の税率

■ 個人住民税 ■

	課税所得金額	税　　率
個人住民税	200万円以下	10% （県民税　4％ 市町村民税 6％）
	200万円超～　700万円以下	
	700万円超	

■ 所　得　税 ■

	課税所得金額	税　　率
所得税	195万円以下	5%
	195万円超～　330万円以下	10%
	330万円超～　695万円以下	20%
	695万円超～　900万円以下	23%
	900万円超～1,800万円以下	33%
	1,800万円超～4,000万円以下	40%
	4,000万円超	45%

（注）　平成27年分以後適用。

著 者 紹 介

黒永　哲至（くろなが・てつし）

税理士
1955年　福岡県生まれ
青山学院大学経済学部卒業
1989年　黒永会計事務所を開設

外資系生命保険会社の専属税務顧問，証券会社の税務顧問を歴任。保険税務，資産税に関するセミナーを生命保険，損害保険，不動産会社等において多数開催。法人税務経営コンサルティング，相続・不動産コンサルティングを中心とした業務を行い，現在に至る。

著書，執筆に『よくわかる　相続・贈与税のバイブル』（税務経理協会），『相続・贈与税でトクする本』（日本実業出版社　共著），『生命保険・年金を活用した相続税対策』（ぎょうせい「税理」），『税務なんでもＱ＆Ａ』（丸宏大華証券），『賢い納税者入門』（ニコスクラブ），『あっという間に経営分析』（清文社）。

（事務所）
〒160−0023　東京都新宿区西新宿７−21−21　西新宿成和ビル3F
ＴＥＬ　03−3363−0118　　ＦＡＸ　03−3363−0366
http://www.kuronaga-ac.com/

著者との契約により検印省略

平成16年12月15日　初 版 発 行
平成18年12月25日　第 2 版 発 行
平成26年 8 月 1 日　第 3 版 発 行
平成30年 8 月 1 日　第 4 版 1 刷発行

法人税
究極！節税のバイブル
〔第 4 版〕

著　者　黒　永　哲　至
発行者　大　坪　克　行
印刷所　税経印刷株式会社
製本所　牧製本印刷株式会社

発行所　東京都新宿区下落合２丁目５番13号　株式会社　**税務経理協会**

郵便番号 161−0033　振替 00190−2−187408　電話(03)3953−3301(編集部)
FAX(03)3565−3391　(03)3953−3325(営業部)
URL　http://www.zeikei.co.jp/
乱丁・落丁の場合はお取替えいたします。

ISBN978−4−419−06502−7　C3032